Gli Shardana nell'Egitto Ramesside

Giacomo Cavillier

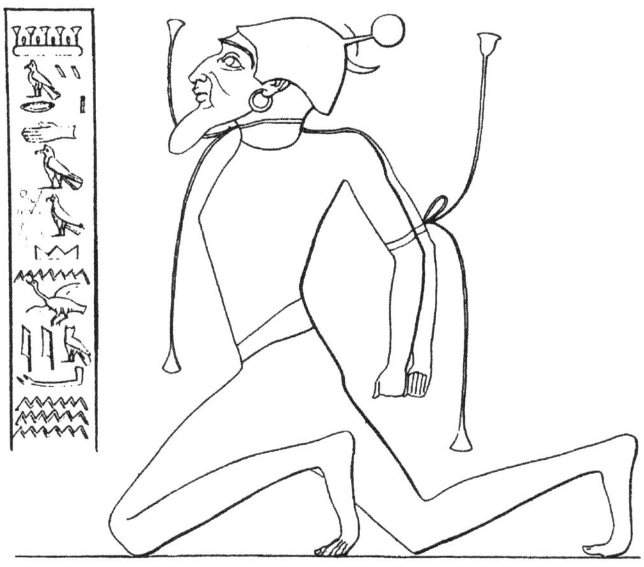

BAR International Series 1438
2005

Published in 2016 by
BAR Publishing, Oxford

BAR International Series 1438

Gli Shardana nell'Egitto Ramesside

ISBN 978 1 84171 874 3

BAR Publishing is the trading name of British Archaeological Reports (Oxford) Ltd. British Archaeological Reports was first incorporated in 1974 to publish the BAR Series, International and British. In 1992 Hadrian Books Ltd became part of the BAR group. This volume was originally published by Archaeopress in conjunction with British Archaeological Reports (Oxford) Ltd / Hadrian Books Ltd, the Series principal publisher, in 2005. This present volume is published by BAR Publishing, 2016.

Printed in England

BAR
PUBLISHING

BAR titles are available from:

BAR Publishing
122 Banbury Rd, Oxford, OX2 7BP, UK
EMAIL info@barpublishing.com
PHONE +44 (0)1865 310431
FAX +44 (0)1865 316916
www.barpublishing.com

Indice

Abbreviazioni ... *2*

Prefazione ... **3**

Introduzione ... **5**
La storia degli studi e lo stato attuale della ricerca ... 5

Capitolo primo - *Le Fonti* ... **12**

Capitolo secondo - *L'armamento* ... 36
La spada ... 36
Il giavellotto ... 39
Lo scudo ... 40
L'armatura, il gonnellino e l'elmo ... 42

Capitolo terzo - *I mezzi di trasporto e d'attacco* ... *46*
I carri ... 46
Le imbarcazioni ... 47

Capitolo quarto - *Fortificazioni ed insediamenti* ... *55*
Gli Shardana in Egitto ... 55
Gli Shardana al di fuori dell'Egitto ... 65

Appendice prosopografica ... **70**

Dizionario dei termini nautici ... **75**

ABBREVIAZIONI

AEO - A.H.Gardiner, *Ancient Egyptian Onomastica* 2 vol. (Oxford 1947)
AJA - American Journal of Archaeology
AL - D.Meeks, *Annnée lexicographique. Egypte ancienne*, 3 voll., Paris 1980-82
ANET - J.B.Pritchard (ed.), *Ancient Near Eastern Texts Relating to the Old Testament* (Princeton 1969).
ARE - J.H.Breasted, *Ancient Record of Egypt*, 4 vol. (Chicago 1906)
AOAT - Alter Orient und Altes Testament
AoF - Altorientalische Forschungen
ASAE - Annales du Service des Antiquités de l'Egypte
ATLAS - A.Wreszinski, *Atlas zur Altaegypsichen Kulturgeschichte* (Leipzig 1935)
BA - Biblical Archaeology
BIFAO - Bullettin de l'Institut Francaise d'Archaeologie Orientale
BASOR - Bullettin of the American Schools of Oriental Research
CAH - Cambridge Ancient History
CD - R.O.Faulkner, *A concise Dictionary of Middle Egyptian* (Oxford 1962)
CdE - Chronique d'Egypte
DLE - L.H.Lesko (ed.), *A Dictionary of Late Egyptian*, 4 vol. (Berkeley 1982-90)
EEF - The Egypt Exploration Fund
ETL - J.Simons, *Handbook for the Study of Egyptian Topographical Lists* (Leiden 1937).
GM - Göttinger Miszellen
JAOS - Journal of the American Oriental Society
JEA - Journal of Egyptian Archaeology
JKF - Jahrbuch für Kleinasiatische Forschung
JNES - Journal of Near Eastern Studies
JEOL - Jaarbericht van het Vooraziatish-Egyptish Genootschap "Ex Oriente Lux".
KRI - K.A.Kitchen, *Ramesside Inscriptions. Historical and Biographical*, 6 vol. (Oxford 1968-99).
LÄ - *Lexikon der Ägyptologie* (Wiesbaden 1975-1987);
LEM - A.H.Gardiner, *Late Egyptian Miscellanies* in *Bibliotheca Aegyptiaca* 7 (Bruxelles 1937)
MANE - Sources and Monographs. Monographs on the Ancient Near East
M.H. Medinet Habu
MDAIK - Mitteilungen des Deutschen Archaeologischen Instituts, Abteilung Kairo
MDOG - Mitteilungen der Deutschen Orient-Gesellschaft
MUSJ - Mélanges de l'Université Saint-Joseph.
OEAE - D.Redford, *The Oxford Encyclopedia of Ancient Egypt* (Oxford 2001)
OIC - Oriental Institute Communications
OIP - Oriental Institute Pubblications
OLZ - Orientalistische Literaturzeitung
Or - Orientalia
PBF – Präistorische Bronze Funde
PRU - Palais royal d'Ugarit
PSBA - Proceeding of the Society of Biblical Archaeology
QDAP - Quarterly of the Department of Antiquities in Palestine
RA - Revue d'Archéologie
RdE - Revue d'Egyptologie
RIK - Reliefs and Inscriptions at Karnak (Oriental Institute of Chicago)
RITANC - K.A.Kitchen, *Ramessides Inscriptions Texts, Notes and Commentary* (Oxford 1999)
Rosellini - I.Rosellini *I Monumenti dell'Egitto e della Nubia* (Pisa 1832-1844)
SAOC - Studies in Ancient Oriental Civilization
Schr.Or. - Schriften zur Geschichte und Kultur des alten Orients
SDB - Suppléments au Dictionaire de la Bible
UF - Ugarit Forschungen
Urk - *Urkunden des ägyptischen Altertums* (Leipzig, 1932-1961)
Wb - A.Erman-H.Grapow, *Wörterbuch der ägyptischen Sprache*, 5 vol. (Leipzig 1926-31)
WO - Die Welt des Orients
WZKM - Wiener Zeitschrift für die Kunde des Morgenlandes
YNER - Yale Near Eastern Researches
ZA - Zeitschrift fur Assyriologie und vorderasiatische Archaeologie
ZAS - Zeitschrift für Aegyptische Sprache und Altertumskunde
ZDMG - Zeitschrift der Deutschen Morgenlandischen Gesellschaft
ZDPV - Zeitschrift des Deutschen Palästina-Vereins

PREFAZIONE

Il presente lavoro si propone di analizzare i dati attestanti la presenza degli Shardana in Egitto nei secoli XIII-X a.C. e di contribuire a gettar maggior luce sulla loro identità culturale e sul loro ruolo all'interno della società ramesside.

La scelta dello Shardana quale soggetto d'indagine appare piuttosto ovvia: è elemento straniero di spicco della macchina bellica ramesside e quello che a differenza delle altre etnie guerriere dei *Popoli del Mare* come i *Tursha*, *Lukka*, *Aqiyaua*, *Wheshesh*, *Shekelesh* e *Peleset*, compare già nelle fonti di età amarniana, è quello che imperversa sulle coste libiche in qualità di *turbolento pirata* agli esordi del regno di Ramesse II per poi far parte dell'esercito faraonico, è quello che contribuisce fattivamente alla salvaguardia della regalità alla fine dell'età ramesside e che, di conseguenza, godrà di uno status privilegiato all'interno del paese.

Il volume si compone di un'introduzione sulla storia degli studi e sullo stato attuale della ricerca, di quattro capitoli, di un'appendice prosopografica e di un breve dizionario dei termini nautici utilizzati. Il primo capitolo è dedicato alle fonti, il secondo e il terzo all'armamento e ai mezzi di trasporto e di attacco utilizzati dai mercenari quali indicatori essenziali delle loro caratteristiche tattiche, mentre il quarto capitolo è dedicato alla distribuzione territoriale degli insediamenti Shardana sia in Egitto sia nel Bacino del Mediterraneo.

Sulle problematiche connesse ad un simile intento analitico, considerata soprattutto l'ampiezza della tematica presa in esame, è bene chiarire che l'origine e la provenienza degli Shardana non costituiscono argomenti trattati nel presente lavoro; si è ritenuto opportuno, invece, concentrare gli sforzi su di una prospettiva essenzialmente tecnico-bellica del fenomeno volta a delineare le caratteristiche tattiche del mercenario e a delineare, per quanto possibile, il suo ruolo all'interno dell'organizzazione militare e sociale ramesside. A ciò è giovato l'apporto di quei dettagli tecnici che attengono il campo militare, spesso ritenuti marginali data la loro specificità, e che ora, nell'ottica della presente indagine, acquistano nuova importanza e significato.

L'aver minimizzato il tema dell'origine dello Shardana non è volto a screditare l'importanza dell'argomento, che resta fondamentale per tutti gli specialisti del settore e che confido prima o poi troverà soluzione, ma si ritiene sia altrettanto utile tentare di dar risposta ad un altro importante quesito, *Leitmotiv* del presente lavoro: perché l'Egitto ramesside ha assoldato lo Shardana e ne ha tesaurizzato le caratteristiche tattiche e le tecniche di combattimento ? e perché allo Shardana similmente ad altre etnie mercenarie si concedono privilegi sociali ed economici di indubbio rilievo pur costituendo una minima compagine all'interno dell'esercito faronico ? non si tratta di domande prive di rilievo se si considera il periodo storico in cui tale fenomeno si manifesta, età apicale dell'arte bellica egizia nel quale l'organizzazione militare giunge ai suoi massimi livelli di efficienza e di capacità operativa e ciò di là dalla presenza dei mercenari nel contesto vicinorientale.

La vicenda degli Shardana in Egitto è stata sempre considerata come una sorta di appendice, una parafrasi minimale della storia Nuovo Regno, perennemente offuscata dal peso e dall'imponenza della cultura ramesside che ha reso e rende tuttora ardua la messa in opera di una storiografia a sé stante. D'altronde, a voler essere coerenti, le indagini archeologiche finora condotte nella Valle del Nilo non hanno prodotto dati rilevanti e tali da permettere simili tentativi, anzi la maggior parte delle informazioni in nostro possesso (non anteriori alla seconda metà del secolo scorso) sembrano ancora inerti dinnanzi all'incessante afflusso di nuova documentazione afferente ad altri settori della ricerca egittologica.

Diverso è il discorso al di fuori dell'Egitto, ove l'origine e la vicenda degli Shardana e delle altre etnie che costituiscono i Popoli del Mare ha da sempre attratto l'attenzione di una vasta gamma di studiosi e di specialisti delle Civiltà del Mediterraneo; tale interesse, supportato e motivato dall'afflusso di nuova documentazione e da una rilettura più consapevole delle fonti, ha reso possibile la messa in opera di una serie di contributi e di ricostruzioni sulla comparsa di questi "invasori" e sulla contestuale scomparsa delle civiltà del Tardo Bronzo nel Vicino Oriente; queste storie, seppur circoscritte ai contesti culturali e territoriali d'origine e dunque limitate nella comprensione dell'evento storico *in sé*, hanno tuttavia il pregio di aver innescato una prima revisione critica del fenomeno.

In tale frangente d'indagine, non mancano ovviamente quei tentativi volti ad unificare i diversi filoni della ricerca sui Popoli del Mare e l'ideale *trait d'union* è, di fatto, costituito dalle preziose fonti egizie, la cui importanza e valenza le rende l'idoneo legante dei diversi pezzi che compongono l'intero mosaico evenemenziale; così, si è passati da una vicenda fatta di "microstorie" necessitanti di continua connessione spazio-temporale ad una piattaforma storiografica dai confini spazio-temporali più ampi sulla quale fonti egizie e levantine, materiale archeologico siro-palestinese, egeo ed europeo sono ora in grado di interreagire e di fornire il loro decisivo apporto ai fini della definizione e ricostruzione del fenomeno nella sua interezza.

Per paradossale che sembri, tale *modus operandi* se da un lato ha permesso col tempo di rintracciare il sottile *fil rouge* che soggiace a ciascun filone di ricerca capace altresì di fungere da idonea connessione con il quadro storico generale, dall'altro ha finito per innescare il prodursi di nuove storie parallele, scientificamente più confutabili, ma inesorabilmente volte verso un ritorno all'autonomia. Uno degli esempi più evidenti è proprio quello degli Shardana, la cui vicenda, dai tratti ancora offuscati per carenza di documentazione, è tuttavia da ritenersi valida proprio perché in essa sono confluite due principali visioni: quella di una compagine di guerrieri operante alla fine della Tarda Età del Bronzo in Egitto, a Cipro e in alcuni dei più importanti regni levantini come Biblo ed Ugarit e quella di genti di cultura protonuragica presenti in Sardegna che sembrano avere stretti contatti con tutto il Bacino del Mediterraneo e l'area vicinorientale. Fattore di certo indicativo è che queste due visioni coesistono ed interreagiscono agevolmente e costantemente tra di loro conferendo al fenomeno *in sé* un'ampiezza spazio-temporale senza precedenti.

Se il concorso proficuo e intenso alla rielaborazione storiografica della vicenda degli Shardana in Egitto va indubbiamente riconosciuto ai risultati cui è pervenuta tale strategia d'indagine, la cui proiezione dinamica ha permesso di stabilire talune connessioni tra la Valle del Nilo e il Bacino del Mediterraneo, non va tuttavia dimenticato che proprio l'Egitto, pur nella sua primaria funzione di collegamento tra mondo mediterraneo e mondo orientale, è di *per sé* carente di documentazione archeologica in grado sia di confutare quanto asserito dalle fonti sia di fornire indizi sull'originaria identità culturale di queste genti. Ciò spiega perché, attualmente, l'idea di una stesura di una "storia Shardana" in Egitto deve subire un forte ridimensionamento ed accettare il necessario critico smontaggio storiografico derivante dai limiti dei dati disponibili.

Ad ogni modo, occorre prenderne atto, il fenomeno degli Shardana, sia esso esaminato in profondità o utilizzato come corollario della vicenda ramesside, non può oramai prescindere da una strategia d'indagine che privilegi le connessioni e metta in risalto i diversi incastri di natura sociale, economica, politica e culturale in esso confluite; da qui, l'idea di operare innanzitutto un "riassetto" della documentazione disponibile su questi mercenari (anche con riferimento ai dati e ai contesti archeologici al di fuori dell'Egitto) per poi tentare di stabilire un nesso fra i diversi "pezzi" che ne compongono l'intero mosaico fenomenologico; una simile strategia, i cui limiti documentari ed analitici sono molteplici e dei quali chi scrive è consapevole, è parsa tuttavia la migliore via percorribile al fine di collocare la vicenda degli Shardana in un quadro storiografico dai contorni ben definiti.

Da qui, l'auspicio che quanto riportato in questo sintetico ed esile volume possa fungere da innesco alla messa in opera di una più esaustiva e completa ricostruzione storica di questi "guerrieri" il cui merito fu non soltanto quello di mettere al servizio dell'Egitto la propria esperienza e preparazione professionale ma soprattutto quella di preservare una individualità ancora riconoscibile dopo più di tremila anni.

G.C.

INTRODUZIONE

LA STORIA DEGLI STUDI E LO STATO ATTUALE DELLA RICERCA

L'origine e l'identificazione degli Shardana è uno degli argomenti più dibattuti della Storia del Vicino Oriente Antico; queste genti, di norma annoverati tra le etnie che compongono i *Popoli del Mare*[1], fanno la loro prima comparsa a Biblo durante il regno di Akhenaton[2] per poi imperversare sulle coste libiche a partire dal secondo anno di regno di Ramses II[3].

Successivamente, la storia degli Shardana si lega alle vicende dei Popoli del Mare che fanno il loro ingresso "ufficiale" nella storiografia egizia a sostegno dei Libici nel quinto anno di regno di Merenptah e nel terzo e quinto anno di regno di Ramesse III[4]. Secondo la visione degli studiosi della metà del secolo scorso, e di altri più recenti, queste «orde» di popoli di provenienza incerta sarebbero i responsabili della crisi e del declino della civiltà del Tardo Bronzo in tutto il Bacino del Mediterraneo nel periodo compreso tra la fine del XIII e l'inizio dell' XI sec.a.C.[5]

I tentativi di definire la natura e i motivi di tali *invasioni,* nonché l'esatta successione cronologica degli eventi bellici e la possibile individuazione geografica dei luoghi, teatro degli scontri, rese il dibattito particolarmente interessante ed avvincente. Da allora molti passi avanti sono stati fatti nell'arte degli studi, tant'è che l'idea di un'invasione massiccia che avrebbe in un sol colpo spazzato la civiltà del Tardo Bronzo nel Bacino del Mediterraneo ha subito forti ridimensionamenti, grazie all'apporto di nuovi studi e di una più attendibile documentazione archeologica[6]. Ciò premesso, nell'ottica di una riesamina dei dati afferenti agli Shardana, è parso utile scandire in maniera succinta le tappe decisive del dibattito scientifico sui Popoli del Mare per delineare un quadro sufficientemente chiaro sulla storia degli studi.

Uno dei primi contributi sull'argomento è di Champollion che nella sua *Grammaire Egyptienne* identifica i *Peleset* con i Filistei della Bibbia. Il suo studio diede origine ad un vero e proprio filone di ricerca sullo studio delle assonanze onomastiche tra le etnie dei Popoli del Mare e alcune popolazioni mediterranee presenti nelle fonti classiche.

---

[1] - Per questioni di coerenza scientifica e di continuità con gli studi sull'argomento, si è preferito ancora adottare tale definizione coniata da G.Maspero: "Notes sur quelques points de Grammaire et Histoire" in ZÄS (1881), 118; lo studioso prende spunto da quanto riportato nei rilievi di Medinet Habu ove questi sono definiti "(abitanti dei) Paesi settentrionali che erano nelle loro isole"

[2] - J.A.Knudtzon, *Die El-Amarna Tafeln,* I (Leipzig 1915); W.L. Moran, *The Amarna Letters* (Baltimora 1991); M.Liverani, *Le Lettere di el-Amarna. Le lettere dei «Piccoli Re»* (Brescia 1998); *Le Lettere di el-Amarna. Le lettere dei «Grandi Re»* (Brescia 1999).

[3] - J.Yoyotte "Les stèles de Ramses II à Tanis: Première partie" in Kemi 10 (1949) 60-74.

[4] - N.Grimal, *Storia dell'Antico Egitto* (Roma-Bari 1991); J.Osing, "Notizien zu dem Seevölkern" in SAK 31 (2003), 351-21 con bibliografia.

[5] - Sulla questione si veda M.Liverani, *Antico Oriente: Storia, Società, Economia* (Roma-Bari 1991); id. "Ramesside Egypt in a Changing World: an Istitutional Approach" in *Atti del Convegno Internazionale in onore di Sergio Donadoni* (Roma 1997), 101-115; id. *Oltre la Bibbia* (Roma-Bari 2003) con bibliografia.

[6] - Si veda il dettagliato studio di E.Oren, *The Sea Peoples and Their World: a Reassessment* - UMP (Philadelphia 2000) con bibliografia; Liverani, *Oltre la Bibbia*, op.cit. con bibliografia.

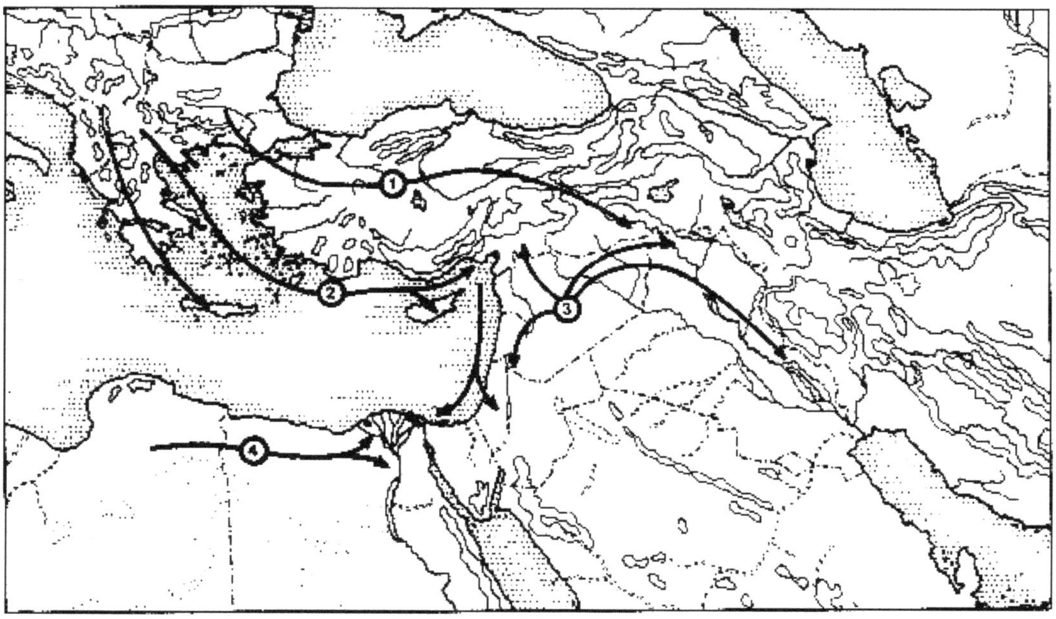

"Invasioni" e movimenti migratori del XII sec.a.C: 1.Frigi; 2.Popoli del Mare; 3.Aramei; 4.Libici (da Liverani, *Oltre la Bibbia*, op.cit.)

A Champollion si accosta De Rougé[7] che individua nei *Lukka* i Lici, abitatori dell'Anatolia sud-occidentale in epoca classica provenienti dalla Grecia, nei *Dauna* i Danai omerici, negli *Shekelesh* gli antichi Siculi, negli *Aqiyaua* gli Achei, nei *Tursha* i Tirreni e negli *Shardana* i Sardi. Su questi ultimi si intensificarono gli sforzi di Lauth[8], Chabas[9], Mueller[10] e Breasted[11], tutte ipotesi in sintonia con quella di De Rougé.

Altro filone d'indagine fa capo a Brugsch[12] che ipotizza un'origine libica dei Popoli del Mare poiché contrario all'idea di una loro migrazione da zone mediterranee (ritenute troppo lontane per gli standard navigatori del tempo) e poi favorevole ad identificare nella Caria il punto di partenza dell'«invasione»; qualche anno più tardi anche Petrie[13] si accosta a tale assunto ma con più cautela.

Un terzo filone di indagine, forse il più proficuo sotto il profilo della ricerca, è da attribuire a Maspero[14] secondo cui la «migrazione» dei Popoli del Mare avrebbe avuto come punto di partenza l'Asia Minore e, in particolare, Sardi (sito originario degli Shardana) e Sagalassos in Pisidia (sito originario degli Shekelesh). Secondo Maspero, gli Shardana, dopo aver tentato l'invasione

7 - L'identificazione di una vera e propria migrazione in massa di questi popoli verso altre sedi è basata sull'osservazione fatta da De Rougé nei rilievi di Medinet Habu nei quali gli "invasori" portano con sé bambini, donne e carriaggi: E.De Rougé, "Extraits d'un mèmoire sur les attaques dirgèes contre l'Egypte par le peuples de la Mediterranée vers la quatorzième siècle avant notre ère" *Revue d'Archéologique* (1867), 35-45 e 81-97.

8 "Aegyptische Texte aus der Zeit des Pharao Meneptah" in ZDMG 21 (1867), 662-664

9 - *Recherches pour servir à l'Historire de la XIXme Dynastie* (Chalon 1873), 30-50.

10 - "Notes on the Peoples of the Sea of Merenptah" in PSBA 10 (1988) 147-54; *Asien und Europa* (Leipzig 1893).

11 - *A History of Egypt* (New York 1905); ARE III @ 570; "The decline and fall of the Egyptian Empire" in CAH II (1926) Cap.8

12 - *Geographischen Inschriften Altaegyptischer Denkmaler* (Leipzig 1858); *Geschichte Aegyptens unter den Pharaonen* (Leipzig 1877).

13 - *A History of Egypt* (London 1905)

14 - Revue Critique (1878) e (1880); *Histoire ancienne des peoples de l'Orient* (Paris 1886).

dell'Egitto, avrebbero proseguito la loro migrazione verso occidente approdando in Sardegna e colonizzando così l'isola[15]. A tale visione si accostarono Hall[16], Von Bissing[17], Meyer[18] e Smolenski[19].

Nuovi contributi alla ricerca, basati sull'acquisizione di ulteriori fonti, fra le quali le lettere di El-Amarna, i testi ittiti ed ugaritici nonché i lavori di Breasted[20], di Egerton e Wilson[21] e dell'Oriental Institute of Chicago[22] tali da fornire l'edizione completa dei rilievi e delle iscrizioni di Medinet Habu, ampliarono, di fatto, gli orizzonti della ricerca.

La convinzione masperiana ebbe così altre varianti; secondo Wainwright[23] i Popoli del Mare erano originari delle regioni occidentali e meridionali dell'Asia Minore, idea, questa, accolta anche da Helck[24] e da Stadelmann[25], mentre più scettiche ma sempre conformi al modello ricostruttivo originario appaiono le posizioni di Furumark[26] e di Carpenter[27]. Alla fine degli anni'70, l'importante contributo di Del Monte e Tischler[28] sulla geografia del regno ittita durante la fine del Tardo Bronzo ha escluso un'origine dei Popoli del Mare dall'Anatolia.

Anche l'Egeo, al pari dell'Asia minore, è stato individuato come possibile sede di provenienza dei Popoli del Mare da parte di studiosi come Albright[29], Stella[30], Vercutter[31], Schachermeyr[32], Desborough[33], De Vaux[34], Hankey[35] e Lehmann[36] e

[15] - G.Maspero, "Notice biographique du Vicomte E.de Rougé", *Bibliothèque Egyptologique* 21 (1907) 125.

[16] - *The oldest Civilization of Greece* (London 1901)

[17]- Il quale si occupa in particolare di Shardana e Teresh: "Die Uberlieferung ueber die Shirdani und die Turuscha" in WZKM 34 (1927) 230-59 - 35 (1928) 177-87

[18] - *Geschichte des Altertums*, Leipzig 1907.

[19] - "Les Peuples Septentrionaux de la mer sous Ramsès II et Minèptah" in ASAE (1915), 72-93. Per gli approfondimenti del caso sui dibattiti: T.Smolenski in ASAE 15 (1915) 72-93; H.R.Hall, "The Peuples of the Sea. A chapter of the History of Egyptology " in *Recueil d'ètudes égyptologiques dèdiées à la mèmoire de J.F.Champollion* (Paris 1922), 297-329.

[20] - *Ancient record of Egypt* (Chicago 1906)

[21] - *Historical Records of Ramses III* - SAOC 12 (Chicago 1936).

[22] - *Epigraphic Survey of Medinet Habu*

[23] - "Some Sea Peoples and Others in the Hittites Archives" in JEA 25 (1939) 148-53; "Some Sea Peoples" in JEA 47 (1961) 71-90; "Two Groups among the Sea Peoples" in Anadolu Arastirmalari (JKF 2), Instambul 1965, 481-9.

[24] - *Die Beziehungen Aegyptens zu Vorderasien im 3. und 2. Jahrtausend v.Chr.* (Wiesbaden 1962), 240-6; "Die Seevoelker in den aegyptischen Quellen" in H.Müller-Karpe *Jahrebericht des Institut fur Vorgeschichte der Universitat Frankfurt a.M. 1976* (Munich 1977), 7-21; *Die Beziehungen Aegyptischen und Vorderasiens zur Aegaeis bis ins 7. Jahrundert v.Chr.*(Darmstadt 1979), 132-49.

[25] - "Die Abwehr der Seevoelker unter Ramses III" in *Saeculum* 19 (1968) 156-71.

[26] - "The settlement at Ialysos and Aegean History 1 c.1550-1400 B.C." in *Opuscola Archaeologica* 6 (1950) 150-271; la perplessità di Furumark è dovuta al fatto che definizione egizia di "*Isole in mezzo al mare*" nei rilievi di Medinet Habu appare piuttosto "generica" e potrebbe non avere alcuna connessione con l'Egeo. Pertanto, Furumark concorda con Wanwright sulla possibile localizzazione di *Keftiw* in Cilicia ma prende atto che non vi sono dati a conferma di tale ipotesi: Furumark, *The settlement at Ialysos*, op.cit. 239-49.

[27] - *Discontinuity in Greek Civilization* (Cambridge 1966), 43-4.

[28] - G.F.Del Monte e J.Tischler, *Die Orts Und Gewaessernamen der Hethitischen Texte* - Rèpertorire gèographique des textes cunèiformes n.6 (Wiesbaden 1978).

[29] - "Some Oriental glosses on the Homeric Problem" in AJA 54 (1950) 162-76 in part.169-72; *Syria, the Philistines, and Phoenicia*, CAH II/2 (1975), cap.33.

[30] - "Chi furono i Popoli del Mare?" in *Rivista di Antropologia* 39 (1951-52) 3-17.

[31] - *L'Egypte et le monde égèén prèhellenique* BIFAO 22 (Le Caire 1956) nel quale lo studioso crede di riconoscere nei Popoli del Mare i Micenei su basi prettamente figurative.

[32] - "Die Seevoelker im Orient" in M.Xapin, *Gedenkschrift P.Kretschmer* II (Wien 1957), 118-26.

[33] - *The last Mycenaeans and their successors* (Oxford 1964), 237-41.

[34] - "La Phénicie et le Peuples de la mer" in *Mèlanges Dunand* MUSJ 45 (1969-70), 479-98.

Dothan[37] mentre per altri come Malamat[38], Schaeffer[39], Sandars[40], Schaden[41] e Stiebing[42] gli insediamenti originari dei *terribili guerrieri*, per quanto localizzabili nel Bacino Mediterraneo, non sono definibili né quantificabili con certezza.

Altro fattore degno di considerazione per gli studiosi riguarda la natura dell'invasione: secondo Albright[43], Faulkner[44], Schaeffer[45] e Mazar[46], ai Popoli del Mare è possibile attribuire un certo grado di efficienza militare e perciò è possibile ipotizzare una sorta di strategia «a monte» nella produzione dei loro "attacchi"; a tale filone si accosta Drews[47] che ritiene essenziale per la vittoria dei Popoli del Mare la superiorità del loro armamento[48], mentre l'aspetto prevalentemente "organizzativo" e "confederativo" delle invasioni viene evidenziato da Chabas[49], Stella[50], Vercutter[51], Desborough[52] e Lehmann[53] e sembra ben accordarsi con l'ipotesi migratoria di Stadelmann[54]; Schaden[55], invece, sulla base dell'analisi della corrispondenza amarniana e dei testi di Ugarit, ritiene i Popoli del Mare un gruppo di popolazioni di omogenea composizione etnica dediti prevalentemente alla pirateria.

Differente visione è quella di Hall[56], Sandars[57], Stiebing[58] e di Helck[59] secondo cui i bellicosi

---

35 - "Turmoil in the Near East, c.1200 B.C."in *Asian Affairs* 61 (1974), 51-9.

36 - "Die Seevoelker-Herrschaften an der Levantekuste" in H.Müller-Karpe *Jahreberícht des Institut fur Vorgeschichte der Universitat Frankfurt a.M. 1976* (Munich 1977), 78-111.

37 - In particolare riferimento ai Filistei: T. Dothan "Philistine Material Culture and its Mycenean Afinities" in *Acts of the International Archaeological Symposium: The Myceneans in the Eastern Mediterranean* (Nicosia 1973), 187-88 e 376; *The Philistines and their Material Culture* (Jerusalem 1982)

38 - "The Egyptian Decline in Canaan and the Sea Peoples" in AA.VV., *The World History of the Jewish People*, III, (Tel Aviv 1971), 23-38.

39 - *Ugaritica* V (Paris 1968), capitolo 4

40 - *The Sea Peoples. Warriors of the Ancient Mediterranean.1250-1150 B:C.* (London 1978).

41 - in AOAT 203, 143-55

42 - "The End of the Mycenean Age" in BA 43 (1980), 7-21.

43 - Albright, *Some Oriental glosses*, op.cit.170 nel quale lo studioso ipotizza un attacco condotto per mare e per terra.

44 - CAH II/2, cap.23, che insiste sul fattore della confederazione tra popoli.

45 - Shaeffer, *Ugaritica*, op.cit. Secondo lo studioso nell'ambito di queste migrazioni, quella verificatasi nell'ottavo anno di regno di Ramses III è da considerarsi una invasione massiccia e organizzata.

46 - "The Philistines and their Wars with Israel" in AA.VV., *The World History of the Jewish People*, III, (Tel Aviv 1971), 164-79.

47 - R.Drews, *The coming of the Greeks: indo-european conquest in the Aegean and the Near East* (Princeton 1988);- *The end of the Bronge Age. Changes in Warfare and the Catastrophe ca.1200 B. C.* (Princeton 1993)

48 - Sulla questione Mario Liverani non ritiene valido l'assunto di Drews secondo cui il superiore armamento dei Popoli del Mare causò la fine della civiltà del Tardo Bronzo; secondo Liverani, infatti, il fattore militare fu certamente importante ma non essenziale poiché, dopo i tragici avvenimenti, la maggior parte dei regni coinvolti cessò di esistere e ciò a testimonianza del fatto che i fattori della crisi furono molteplici e tutti concomitanti: M.Liverani recensione su "R. Drews, *The coming of the Greeks*" in JMA 7.2 (1994), 241-248.

49 - Chabas, *Recherches*, op.cit.30-50.

50 - in *Rivista di Antropologia* 39 (1951-52), 3-17, la quale più esplicitamente parla di migrazioni piuttosto che di aggressioni da parte di popolazioni ben armate e ben organizzate.

51 - *Essai sur le Relations entre Egyptines et Préhellènes* (Paris 1954), capitolo 4

52 - Desborough, *The Last Mycenean*, op.cit. 237-41

53 - Lehman, "Die Seevoelker-Herrschaften", op.cit.78

54 - Stadelman, "Die Abwehr der Seevoelker", op.cit. nel quale lo studioso propende maggiormente per la tesi delle spedizioni piratesche, senza però escludere il fattore migrazione.

55 - AOAT 203, 144 nel quale lo studioso definisce i Popoli del mare come "Sea Raiders".

56 - Hall, *The oldest Civilization*, op.cit. ipotesi basata sulle lettere di El-Amarna e sui testi di Ugarit.

57 - Sandars, *The Sea Peoples*, op.cit.120-4, nel quale la studiosa accoglie l'idea della migrazione sulla base della constatazione che nelle raffigurazioni di Medinet Habu degli invasori utilizzano carri da trasporto carichi di donne e bambini.

invasori sono gruppi tribali non stanziali, dediti alla pirateria e che agiscono esternamente alle grandi formazioni politiche del Vicino Oriente; pertanto, l'ultima proiezione dei guerrieri, a carattere essenzialmente migratorio avvenuta nell'ottavo anno di Ramses III, costituirebbe l'ultimo atto di una strategia volta ad una definitiva stanzialità.

In tale ottica "evoluzionista", ben si inquadrano i contributi di Donadoni[60] e di Bunnens[61] che mettono in evidenza l'avvenuto passaggio per queste popolazioni dallo stato tribale e mercenario a quello di vera e propria organizzazione sociale proprio agli esordi dell'*invasione*.

Altri studiosi hanno però messo in dubbio l'idea di un'invasione propendendo per un disastro climatico o geologico quale causa del crollo della civiltà del Tardo Bronzo: Carpenter[62] e Harke[63] ipotizzano un inserimento "non distruttivo" cioè non-bellico dei Popoli del Mare in Asia Minore e lungo le coste siro-palestinesi, terre di *per sé* già abbandonate a causa di cambiamenti climatici e di gravi carestie, mentre Hankey[64], Harding[65], Renfrew[66], Helly e Pollino[67], Adams, Van Gerven e Lewy[68] oltre a propendere per una catastrofe geologica avvenuta agli esordi del XII sec.a.C. ritengono i Popoli del Mare dei "profughi" in fuga da luoghi devastati da precedenti e molteplici calamità naturali ancora ignote.

Contro la tesi della migrazione si schiera Nibbi[69] che riprende l'idea dell'invasione data la presenza nei rilievi di Medinet Habu di donne e di bambini al seguito degli invasori. In altra direzione si situa l'idea di Gras[70] che, sulla base di un ampia analisi delle antiche vie commerciali del Mar Tirreno, ritiene i Popoli del Mare dei contingenti eterogenei di truppe mercenarie al servizio di Micene, principale potenza marittima del Bacino del Mediterraneo nei secoli XIV - XII a.C.

---

58 - Stiebing, "The End of the Mycenean Age", op.cit.11-5.

59 - Helck, "Die Seevoelker in den aegyptischen Quellen", op.cit.18, nel quale lo studioso ipotizza che l'invasione dell'ottavo anno di regno di Ramesse III sia da considerarsi una vasta scorreria piratesca senza però spiegarne le evidenti conseguenze.

60 - "I testi egiziani sui Popoli del mare" in *Rivista Storica Italiana* 77 (1965) 304.

61 - "I Filistei e le invasioni dei Popoli del Mare" in D.Musti, *Le Origini dei Greci* (Bari 1985), 235-7, nel quale lo studioso concorda con Donadoni e riconosce nel primo assalto dei Popoli del Mare all'Egitto (anno quinto del regno di Ramesse III) una possibile incursione piratesca a favore dei Libi, mentre nel secondo (anno ottavo di Ramesse III) ipotizza si tratti di una vera e propria invasione con aspetti migratori.

62 - Carpenter, *Discontinuity in Greek Civilization*, op.cit.45-6 e 67.

63 - "Transformation or collapse? Bronze Age to Iron Age Settlement in West Central Europe" in M.L.Stig Sorensen - R.Thomas, *The Bronze Age- Iron Age Transition in Europe* - BAR International Series 483 (Oxford. 1989),184-203

64 - Hankey, "Turmoil in the Near East", op.cit.51-9.

65 - *Climatic Change in Later Prehistory* (Edimburg 1982)

66 - "Trajectory discontinuity and morphogenesis: the implications of catastrophe theory for archaeology" in *American Antiquity* 43, 203-22.

67 - *Tremblements de Terre. Histoire et archéologie* APDCA (Valbonne1984)

68 - W.J.Adams - D.P.Van Gerven - R.S.Lewy, "The retreat from migrationism" in ARA 7, 483-532.

69 - *The Sea Peoples and Egypt* (Park Ridge 1975),112. Per la Nibbi, i Popoli del Mare sono genti siriane intenti ad invadere *Canaan* regione del Delta egiziano! inoltre, sempre secondo la studiosa, gli Shardana fanno la loro comparsa in Egitto a partire dal regno di Amenhotep III; tali congetture, però, non sono supportate da alcuna delle fonti disponibili.

70 - Secondo Gras Micene nel XIV sec.a.C. si era impadronito di Creta, subentrando allo Stato Minoico e successivamente avrebbe esteso i suoi traffici commerciali verso il Bacino del Mediterraneo in direzione est ed ovest con l'occupazione di basi sicure quali Cipro e Rodi. Testimoni di tale diffusione sono i ritrovamenti ceramici micenei ritrovati in Siria-Palestina, sull'Oronte, in Egitto e in Italia meridionale (Sicilia e Sardegna). I Micenei avrebbero perciò raggiunto la Sardegna e la Sicilia intorno al XIV sec.a.C. a ricerca di metalli e di uomini da arruolare in qualità di mercenari, sicché gli Shardana e gli Shekelesh sarebbero rispettivamente gli antichi Sardi e gli antichi Siculi arruolati da Micene in qualità di soldati e minatori. M.Gras, *Trafics Tyrrhéniens Archaiques* (Roma 1985).

Il fattore socio-economico è secondo Tainter[71], Renfrew[72], Halstead-O'Shea[73], Singer[74], Tubb[75] e Sherratt[76] centrale ed essenziale per spiegare la comparsa dei Popoli del Mare e la coeva crisi della tarda età del Bronzo, mentre Liverani[77] e Cifola[78] considerano tale evento il risultato della frammistione e confluenza di una serie di dannosi eventi sotto il profilo economico, politico, demografico e sociale.

Sulla base di tali illustri antecedenti, si può comprendere come l'attuale approccio al fenomeno abbia assunto connotazione di più ampio respiro sotto il profilo storico, archeologico e culturale; basti pensare, ad esempio, ai recenti contributi di Redford[79], Stager[80], Knapp[81], Bietak[82], Zertal-Ugas[83], Hasel[84], Negbi[85], Yalichev[86], Oren[87],

---

71 - *The Collapse of Complex Societies* (Cambridge 1988).

72 - "System Collapse as social transformation: catastrophe and anastrophe in early state societies" in Renfrew – Cooke, *Transformations: Mathematical Approaches to Culture Change* (New York1979), 401-506.

73 - *Bad Year Economics: Cultural Responses to risk and Uncertainty* (Cambridge 1989)

74 - I.Singer, "The Origin of the Sea Peoples and their settlement on the Coast of Canaan" in M.Heltzer-E.Lipiński, *Society and Economy in the East Mediterranean (1500-1000 B.C.) – Orientalia Lovanensia Annalecta* 23 (1988), 239-50.

75 - "The Role of Sea Peoples in the Bronze Age Industry of Palestina/Tranjordan in Late Bronze – Early Iron Age Transition" in J.E. Curtis, *Bronzeworking Centres of West Asia – 1000-538 B.C.* (London 1988), 251-70; id. "An Aegean Presence in Egypto-Canaan" in W.V.Davies-L.Schofield, *Egypt, the Aegean an the Levant Interconnections in the Second Millennium B.C.* (London 1995), 136-45.

76 - S.Sherratt, "Sea Peoples and the Economic Structure of the Late Second Millennium in East Mediterranean" in S.Gitin-A.Mazar-E,Stein, *Mediterranean Peoples in Transition. Thirteenth to Early Tenth Centuries B.C.E. In Honour of Professor Trude Dothan* (Jerusalem 1998), 292-313

77 - M.Liverani, Antico Oriente, op.cit.; id. *Guerra e diplomazia nell'Antico Oriente* (Roma-Bari 1994); id. "Ramesside Egypt", op.cit.; id. *Oltre la Bibbia*, op.cit.;

78- B.Cifola, "Ramesses III and the Sea Peoples" in *Orientalia* 57, 275-306; "The terminology of Ramesses III's historical records" in *Orientalia* 60,9-57.

79 - *D.B.Redford, Egypt, Canaan and Israel in Ancient Times* (Princeton 1992).

80 - L.E. Stager "The impact of the Sea Peoples in Canaan (1185-1050 B.C.)" in T.E.Lévy, *The Archaeology of the Society in Holy Land* (London 1995), 332-348.

81 - A.B.Knapp, "Bronze Age Mediterranean Island Cultures on the Ancient Near East – Part.2" in Biblical Archaeology 55 (1992), 111-28.

82 - M.Bietak, "The Sea Peoples and the end of Egyptian dominion in Canaan" in BAT - *Proceedings of the II International Congress of Biblical Archaology* (Jerusalem 1993), 292-306.

83 - G.Ugas, "Sardinia and Shardana" in A.Zertal, *West and East. Connections between the Western and the Eastern Mediterranean in the End of the Late Bronze and the beginning of the Iron Age. New Evidence.* Abstract of a Colloquium in the University of Haifa: 10-12 dec.1997 (Haifa 1997); Secondo Zertal, il complesso fortificato rinvenuto nel sito palestinese di *El-Awat* (nei pressi del Monte Carmelo) è da considerarsi una fortezza Shardana; l'idea dello studioso si deve essenzialmente al tipo di architettura rinvenuta *in situ*, del tutto simile a quella dei complessi fortificati *protonuragici* dotati di pianta circolare, bastioni quadrilobati, coperture a volta ed utilizzo prevalente della pietra quale materiale di costruzione. Come era prevedibile, l'ipotetica presenza di una fortezza di tipo protonuragica in Palestina attribuibile agli Shardana, essenziale per spiegare il legame intercorrente tra la Sardegna e i mercenari, ha scatenato un acceso dibattito sull'attendibilità dell'interpretazione di Zertal, nodale per spiegare il legame esistente tra Egitto e Sardegna finora non confermato da altre fonti. Attualmente la questione sembra vagare in una sorta di "limbo dottrinario", oscillando tra la visione dei filo-nuragici che ritengono fondata la teoria di Zertal e vedono nell'isola il luogo di origine dei mercenari e quella forse più scettica degli orientalisti ed egittologi che ritengono il fenomeno Shardana ancora suscettibile di ulteriori verifiche grazie all'apporto di nuova e più attendibile documentazione.

84 - M.G.Hasel, *Domination & Resistance: Egyptian Military Activity in Southern Levant 1300-1185 BC* (Leida-Boston-Colonia 1998)

85 - O.Negbi, "The Sea People in the Jordan Valley" in *Tel Aviv* 18 (1991), 205-243; id. "The Sea People in the Jordan Valley: Once Again" in *Tel Aviv* 25 (1998), 184-207; lo studio della Negbi nella sua

Osing[88], Vagnetti[89], Moren[90] e Lo Schiavo[91] e che nell'analizzare i diversi aspetti che sembrano caratterizzare il fenomeno della comparsa dei Popoli del Mare come, ad esempio, la cultura materiale, il *modus tacticus*, il fattore economico e sociale, hanno il pregio d'aver ormai modificato la tendenza a ragionare in termini di "etnocentrismo" per ricomporre le trame di una vicenda storica fatta essenzialmente di "interconnessioni" e di "contatti" esistenti tra i diversi popoli e culture del Bacino del Mediterraneo nella quale gli "invasori" agiscono da nodali veicoli di comunicazione.

Un simile approccio ha fornito purtroppo utili indizi alla ricostruzione del fenomeno preso nella sua globalità, ma nulla di più; occorre infatti una mole documentaria ben più consistente di quella attualmente disponibile capace di spiegare, settore per settore, area per area, regione per regione, i diversi percorsi e sviluppi di una complessa vicenda come quella dei Popoli del Mare.

---

ampiezza documentaria è teso essenzialmente a contenere gli entusiasmi di molti orientalisti e studiosi di archeologia biblica sull'avvento dei Popoli del Mare in Palestina e a ridimensionare talune ipotesi non supportate da dati materiali o frutto di errate valutazioni.

86 - S.Yalichev, *Mercenaries of Ancient World* (London 1997)

87 - E.Oren, *The Sea Peoples and Their World: a Reassessment* - UMP (Philadelphia 2000)

88 - J.Osing,"Notizien zu dem Seevölkern", op.cit.

89 - L.Vagnetti, "The Role of Crete in the exchanges between the Aegean, Cyprus and the Central Mediterranean in the Second Millennium B.C." in N. Stampodilis – V.Karageorghis, *PLOES. Sea Routes ... Interconnections in the Mediterranean 16th-6th c.B.C. – Proceedings of the International Symposium – Rethymnon Sept 28-Oct.2nd* (2003).

90 - C.J.Moren, "The Sea Peoples and the Historical Background of the Trojan War" in *Mediterranean Archaeology* 16 (2003), 107-24

91 - F.Lo Schiavo, "Sardinia between East and West: Interconnections in the Mediterranean" in N. Stampodilis – V.Karageorghis, *PLOES,* op.cit.15-34; id, "Interconnections in the mediterranean Bronze Age" in *Mediterranean Magazine: Science, Training & Technology* 1 (2004), 20-22.

CAPITOLO PRIMO

LE FONTI

Le prime attestazioni degli Shardana in età ramesside fanno riferimento ai primi anni di regno di Ramesse II; nella *Stele Retorica o Stele degli Shardana*[1] si celebra il dominio del sovrano "fino al Mare e alle Isole che stanno in mezzo ad esso" e, con l'occasione, si esalta la sottomissione e la cattura di questi temibili guerrieri:

Šrdn bštw ḥꜥt ỉw.bw rḫ.tw ꜥḥꜣ.w ḏr nḥḥ ỉw.sn sḫm-ỉb.sn sḳd.n.sn m ꜥḥꜥw m ḥr-ỉb pꜣy ym ỉw.bw rḫ.tw ꜥḥꜥ r-ḥꜥt.sn ḥꜥḳ.n.f sn m nḫtw n ḫpš.f ḳh ỉnw r Kmt

"Gli Shardana turbolenti (lit. ribelli di cuore), che nessuno aveva saputo combattere fin da sempre, essi vennero prepotenti navigando sulle loro navi da guerra dal mezzo del mare e nessuno poteva opporsi a loro. Ma egli li catturò con la forza del suo valido braccio e li portò in Egitto" (KRI II, 290.1-4).

La visione degli Shardana quali turbolenti pirati "provenienti dal mare" è altresì presente, forse in modo meno diretto, nella *Stele di Assuan* databile al secondo anno di regno di Ramesse II; qui, il racconto riprende, *grosso modo*, l'antico *topos* del "massacro" sulla "coalizione" dei ribelli da parte del sovrano:

fḫ.f n ꜥḥꜣ.w nw Wꜣḏ-wr š-ꜥꜣ Tꜣ-mḥw sḏrw n ḳd.sn

"egli ha distrutto i guerrieri del Grande verde, il grande lago del Basso Egitto, sicché essi (gli Egiziani) possono dormire tranquilli" (KRI II, 335.3).

Nel poema della *Battaglia di Qadesh*, gli Shardana sono menzionati nella descrizione delle fasi iniziali della campagna ed inquadrati quali truppe regolari al seguito del faraone:

ỉst rf spdd ḥm.f pꜣ.f mšꜥ tꜣ.f n ḥtri Šrdn n ḥꜥḳ.t ḥm.f ỉnn.f m nḫtw sdbḥw m ḥꜥw.sn nbw di.n.sn tp-rd n ꜥḥꜣ nꜥt pw ỉr.n.f ḥm.f m-ḫd

"dopo che Sua Maestà ebbe approntato le sue truppe, i suoi carri e gli Shardana che aveva catturato sottomettendoli con la forza del suo braccio, tutti equipaggiati con le loro armi, e comunicato loro i suoi piani di battaglia, allora Sua Maestà procedette verso Nord" (KRI II, 12-13).

Altro importante riferimento sugli Shardana è nel *Pap.Anastasi I*, documento scolastico che attesta la presenza di contingenti stranieri nell'esercito egizio. *Hori*, autore del documento, ironicamente esorta un altro discente a pianificare una campagna in Siria per sedare una rivolta. In tale contesto narrativo, gli Shardana fanno parte di un gruppo di "specialisti della guerra" che consta anche di Libici, Nubiani e Kehek:

mšꜥ nty r-ḥꜥt.tw.k ḥr ỉrr 1900 Šrdnnꜣ 520 Ḳꜥhꜣḳ 1600 Mꜥšwꜣšꜣ 620 Nḥsyw 880 dmd 5000

"Le truppe (regolari) che sono dinanzi a te ammontano a 1900; Shardana 520, Kehek 1600, Meshwesh 620, Nubiani 880, in totale 5000 " (*Pap.Anastasi* I 17.4)[2].

Sotto il profilo figurativo, nel periodo di nostro interesse, gli Shardana compaiono nei rilievi della Battaglia di Qadesh e degli assedi delle città siriane di Tunip e Dapur:

[1] - V.J.Joyotte, "Les stelès de Ramses II à Tanis - Part.I" in KEMI 10 (1949) 60-74, 11.13-16; sulla terminologia bellica utilizzata in età ramesside cfr. A.J. Spalinger, *Aspects of the Military Documents of the Ancient Egyptians*, (New Haven e Londra 1982); M.G.Hasel, *Domination & Resistance: Egyptian Military Activity in Southern Levant 1300-1185 BC* (Leida-Boston-Colonia 1998) con bibliografia.

[2] - A.H.Gardiner, *Egyptian Hieratic Text* (Liepzig 1911), 29.3-5

Battaglia di Qadesh

[Atlas II, pl.76; Rosellini, II, tav.CVI]

Gli Shardana sono armati con spada lunga, scudo tondo, elmo cornuto con disco centrale, gonnellino e sandali all'egiziana e stanno accanto ai soldati egiziani durante il consiglio di guerra del sovrano prima della battaglia.

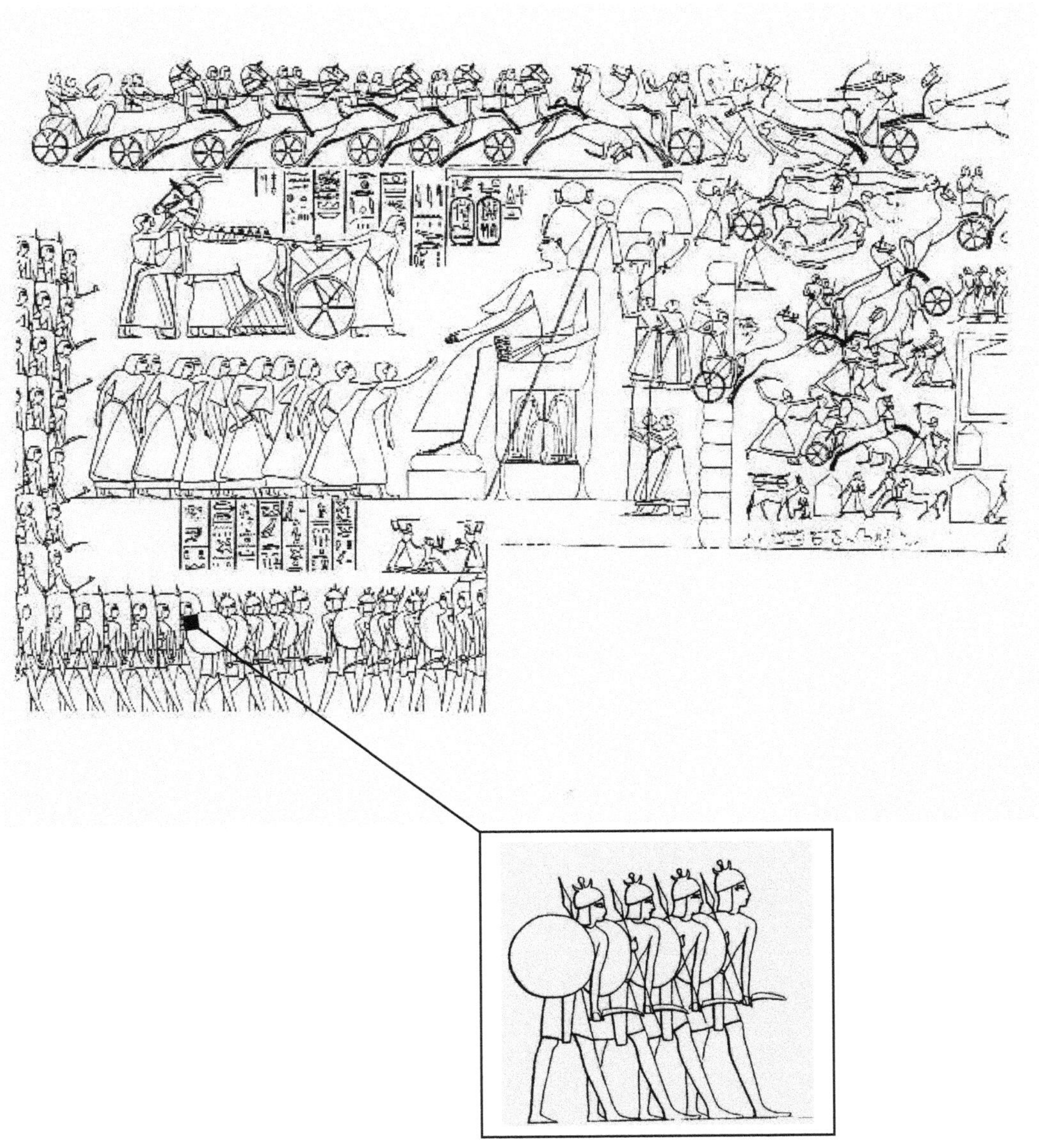

Battaglia di Qadesh

[Atlas II, pl.77; Rosellini, II, tav.CV]

Durante la battaglia, gli Shardana atterrano i carristi ittiti e ne tagliano gli arti per la successiva conta.

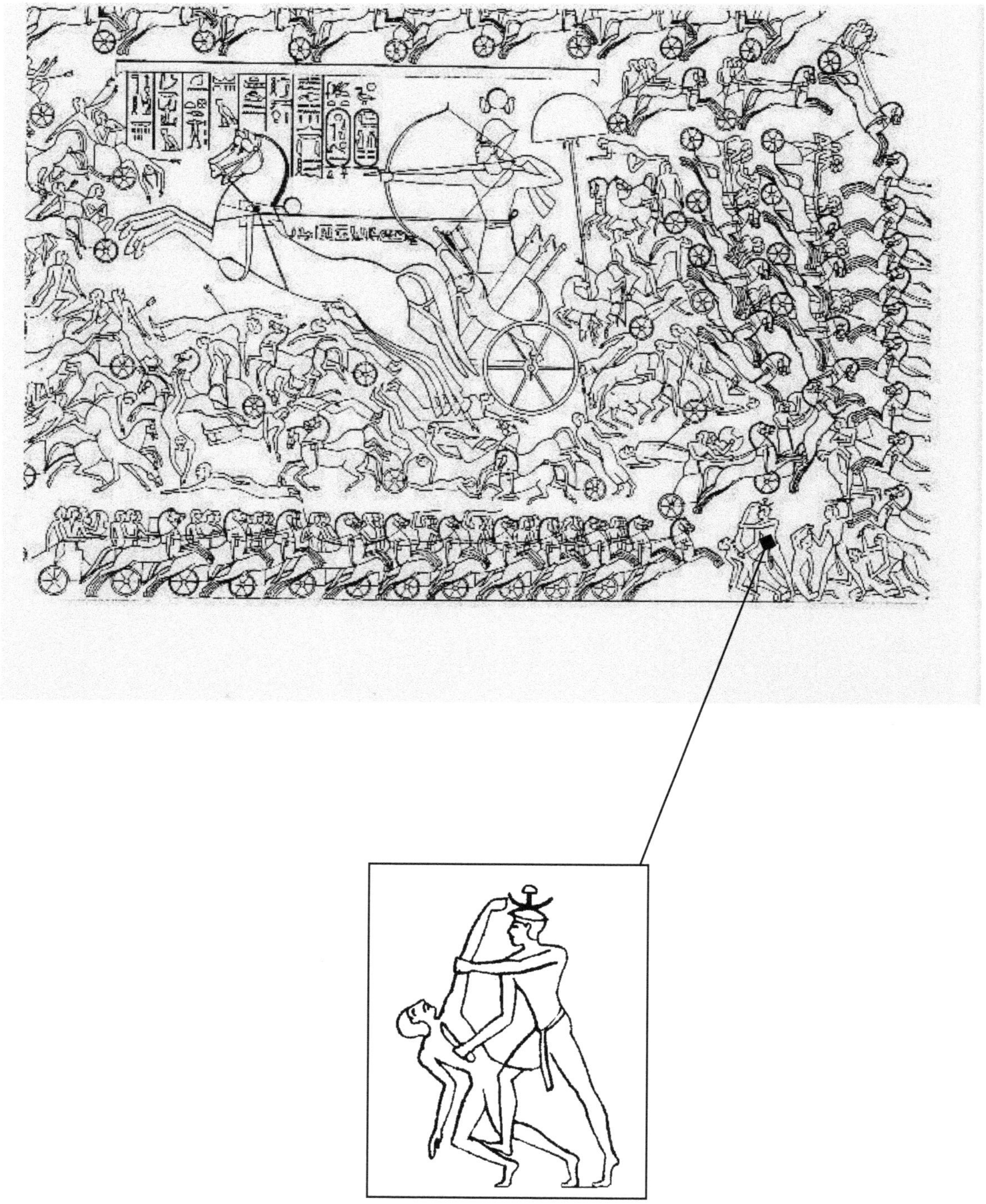

Conquista delle città siriana di Dapur

[Atlas II, pl.78; Rosellini, II, Tav.CVIII]

Nell'assalto portato dal faraone alle mura delle due città, gli Shardana figurano tra i ranghi dell'esercito egizio; nell'attacco, accanto ad uno Shardana figurano un arciere Nubiano e un Siriano armato di spada triangolare.

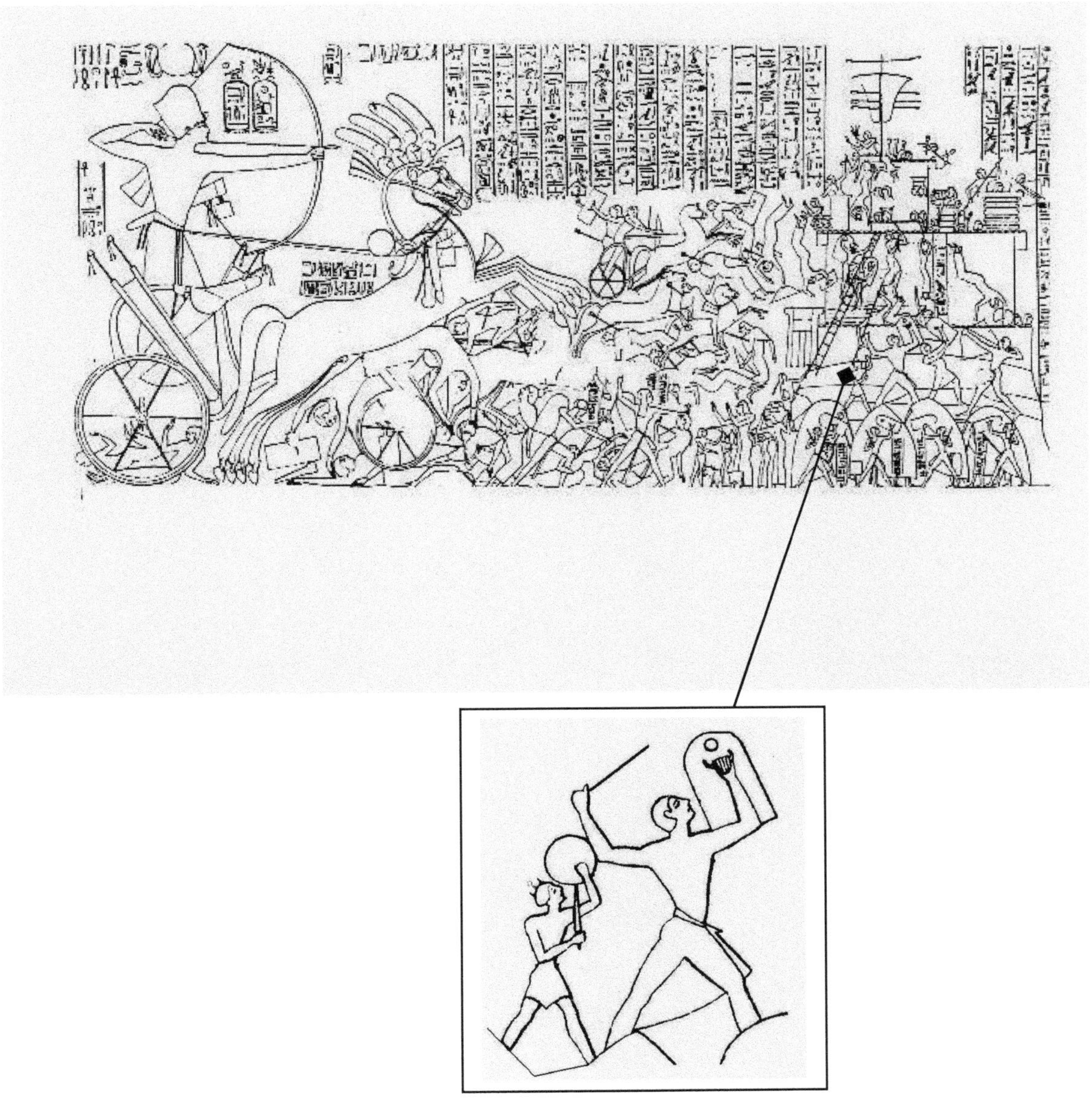

Conquista delle città siriana di Tunip

[Atlas II, pl.72; Rosellini, II, Tav.CVII]

Il sovrano calpesta i nemici e scaglia frecce contro gli avversari intenti a difendere la città; gli Shardana, a ridosso delle mura siriane, sono armati di spada lunga e di scudi tondi per proteggersi dai giavellotti nemici.

Nel regno di Merenptah, gli Shardana figurano tra i nemici dell'Egitto a fianco dei Libici; nei testi afferenti alla campagna del quinto anno di regno del sovrano i guerrieri sono così menzionati:

m-ᶜ r Mryw s3 Ddy, Ꞽḳ3w3š3, Twrš3, Rwkw, Šrdn, Šḳrwš3 mḥty ii n t3w nbw

"[Cominciando dalla vittoria che Sua Maestà ebbe nel paese di Libia contro] Meryw figlio di Ded, Ekwesh, Teresh, Luka, Šrdn, Shekelesh, nordici provenienti da tutti i paesi" (KRI IV 2.12-14).

ḫzy ḫrw n Rbw m-ᶜ r Mryw s3 Ddy, h3w ḥr iw ḫst nt Tḥnw ḥnᶜ pḏwt [---] *Šrdn, Šḳrwš3, Ꞽḳ3w3š3, Rwkw, Twryš3 m ṯ3i tp n ᶜḥ3 nb pḥrr nb ḫswt.f*

"Il misero capo libico Meryw, figlio di Ded è sceso nel paese di Tehenw con i battaglioni [di] Shardana, Shekelesh, Ekwesh, Luka, Teresh i migliori di ogni guerriero e di ogni corridore nel suo paese" (KRI IV 3.15-4.2).

Šrdn, Šḳrwš3, Ꞽḳ3w3š3 n3 ḫswt n p3y m-ᶜ ym b n nw ḳ3y, Šḳrwš3 z 222: šᶜd drt 250, Twryš3 z 742: šᶜd drt 790, Šrdn šᶜd ḥnn [---] *z 6111 šᶜd drt 2370 n Šḳrwš3, Twryš3; iit m sḳbw-ᶜnḫ z 218 n p3 ḫrw n Rbw, Khk*

"[lista dei catturati e portati via da questa terra di Libia e da altri paesi sottomessi con lui] Shardana, Shekelesh, Ekwesh dei Paesi del mare che non hanno alture, Shekelesh 222 uomini: tagliate 250 mani, Teresh 742 uomini: tagliate 790 mani, Shardana, falli tagliati [---] 6111 uomini (di cui) 2370 mani tagliate a Shekelesh e Teresh; Kehek e Libici riportati come prigionieri 218 uomini" (KRI IV 8.16-9.2).

Altro importante documento è la *Stele di Athribis*, nel quale gli Shardana figurano tra i prigionieri del faraone:

rḥ n sḳbw-ᶜnḫ iit m [---] *n Rbw: Ꞽḳ3w3š3 (n3) ḫswt n p3y m-ᶜ ym inn p3 šᶜd drt* [---] *z 2201, Šḳrwš3 z 200, Twryš3 z 722* [---] *Rbw, Šrdn* [---]

"[lista di] prigionieri [...] catturati dalle campagne in Libia: [...] Ekwesh [dei] Paesi del mare, le cui mani tagliate [---] 2.201 uomini, Shekelesh 200 uomini, Teresh 722 uomini [---] Libici e Shardana[---]" (KRI IV 22.7-10).

Altra testimonianza dello status di "nemico" attribuita allo Shardana è nel *Pap.Anastasi II*:

Šrdnn3 innw.k ḥr ḫpš.k

Gli Šrdn che hai piegato con il tuo braccio (LEM 15.1-2)

P3 sd Šrdnn3 [*nw*] *W3ḏ inw nty m ḥᶜḳ ḥm.f*

Gli Šrdn [del] *grande lago che erano in qualità di prigionieri di S.M.* (LEM 20.2-3)

Le fonti iconografiche e testuali afferenti al regno di Ramesse III che narrano degli Shardana provengono tutte da Medinet Habu[3] e anche qui il combattente figura tra i ranghi dell'esercito egizio:

---

[3] - Questi cospicui resoconti delle campagne belliche condotte da Ramses III sono disponibili sotto forma sia di lunghe iscrizioni commemorative, sia di testi didascalici per i bassorilievi rappresentanti figurativamente le fasi salienti di tali guerre. Per l'analisi dei testi e per la definizione delle unità semantiche (funzioni) che ne costituiscono la struttura e che evidenziano le articolazioni e le identità ideologiche: J.Assmann, "Wort und Text. Entwurf einer semantichen Textanalyse" in GM 6 (1973), 9-32; R.Gundlach, "Strukturfragen bei der Analyse un Interpretatio aegyptischer historischer Texte" in Acts 1° ICE - Schriften zur Geschichte und Kultur del alten Orient (Berlin 1979), 265-70; R.Tefnin, "Image, ècriture, rècit" in GM 47 (1981), 55-76; T.Van Der Way, *Die Textueberlieferung Ramses 'II zur Qades-Schlacht* (Hildenstein 1984); E.Edel, "Der Seevoelkerbericht aus dem B.Jahre Ramses III (M.H. I, pl.46, 15-18). Uebersetzung und struktur" in *Bibliothèque d'Étude* 97/1 (1985) 223-27; B.Cifola, "Ramses III and the Sea Peoples: A Structural Analisys

di ḫꜥw n mšꜥ nt htr n pḏt Šrdn Nḥsyw

"dare le armi a fanteria e cavalleria, alle truppe Shardana e Nubiani" (KRI V 28.15)

Negli altri testi che narrano le campagne di Ramesse III contro Libici e Popoli del Mare così come in quelli di stampo non prettamente bellico come, ad esempio, la *Stele Retorica meridionale di Medinet Habu* (che commemora la fondazione del tempio funerario), gli Shardana non figurano fra gli avversari del faraone[4]:

ḫd.i nꜣ Ṯjkkr, tꜣ Pwrsꜣti, Dꜣiniwnꜣ, Wꜣšꜣsꜣ, Šḳrwšꜣ

"Io ho sconfitto i Tjekker, la terra dei Peleset, i Denyen, i Weshesh, gli Shekelesh" (KRI V 73.9-10)

Ben più complessa appare la situazione desumibile dal *Pap.Harris I* (regno di Ramesse IV) nel quale gli Shardana sono menzionati sia in qualità di truppe ausiliarie dell'esercito egizio (I 75.1-2), sia quali prigionieri di guerra (I 75.6-9) arruolati forzatamente dal faraone e insediati in fortezze e guarnigioni sparse nel paese[5]:

ḏd.in nswt Usr-Mꜥꜥt-Rꜥ Mry-Ỉmn ꜥnḫ-wḏꜣ-snb pꜣ ꜥꜣ nṯr ḫr wrw ḥꜣ(w)tyw nw tꜣ, mšꜥ, nt-ḥtri, Šrdn, pḏt, ꜥšꜣt ꜥnḫw nb(w) nw tꜣ n Tꜣ-mri

"Dice il re Usimaatra Meryamun, viva in salute e forza, il gran dio ai dignitari, ai capi del paese, l'esercito, i carri, gli Shardana, ai battaglioni e ad ogni uomo del paese" (Pap.Harris I 75.1-2)

iry.i sḫpr Tꜣ-mri m ḏꜥmw ꜥšꜣw m wdpww n ꜥḥ wrw ꜥꜣ(i)w mšꜥ nt-ḥtri ḳnw mi ḥfnw Šrdn Ḳhḳ nn r-ꜥ.sn šmsww m ḏbꜥw smdt Tꜣ-mri iry.i swsḫ nꜣ tꜣšw n Kmt r-ḏrw sḫr.i nꜣ thꜣ st ir m nꜣy.sn tꜣw smꜣ.i nꜣ Dnwn m nꜣy.sn iww nꜣ Ṯkr Prst ir(w) m ssfy Šrdn Wšš n pꜣ ym st ir m tm wn ḥꜥḳ m sp wꜥ inw m ḥꜥkw r Kmt mi šꜥy(t) nw wḏb snṯ.i st m nḥtw wꜥf ḥr rn.i ꜥšꜣ nꜣy.sn ḏꜥmw mi ḥfnw

"Io divisi l'Egitto in numerosi gruppi: ufficiali di palazzo, grandi capi, esercito e carreria, numerosi come 100.000, Shardana e Kekek innumerevoli, guardie come 10.000 quale manodopera d'Egitto. Io allargai l'intera frontiera dell'Egitto, io rovesciai coloro che trasgredirono nelle loro terre. Io massacrai i Deyen nelle loro isole, Tjekker e Peleset furono ridotti in cenere. Gli Shardana e i Weshesh del mare furono annientati, catturati insieme, e portati in Egitto come prigionieri (numerosi) come la sabbia della spiaggia, io li acquartierai in fortezze sottomessi nel mio nome, le loro reclute erano numerose come 100.000". (*Pap.Harris* I, 76.5-10)

di.i ḥms mšꜥ nt-ḥtri m rk.i Šrdn Ḳhḳ m nꜣy.sn dmiw sḏr ḳꜣ n ꜣt.w nn n.w ḥryt nn sky n Kꜣš ḫrw n Ḫꜣrw pḏwt.w ḫꜥw.w šrm m-ḫnw šnꜥw.w

"Io permisi ai carristi, ai fanti di ritornare alle loro dimore durante il mio regno, agli Shardana e ai Kekek di riposare nelle loro città poichè non era più necessario combattere i ribelli di Kush e i nemici di Kharu. Gli archi e le [altre] armi furono custodite negli arsenali". (*Pap.Harris* I 78.9-10)

Sotto il profilo iconografico, gli Shardana compaiono in alcuni rilievi delle campagne militari di Ramesse III a Medinet Habu:

of Medinet Habu Inscriptions" in *Orientalia* 57 (1988), 257-306; Osing, *Notizien*, op.cit.

4 - Vedi al riguardo l'interpretazione di G.Hoelbl, "Die historische Aussagen der aegyptischen Seevoelkerrinschriften" in S.Deger-Jalokotzy, *Griechenland, die Aegaeis un die Levante waehrend der "Dark Ages"*, (Wien 1983), 121-38.

5 - Bibl.Aegyptiaca V, 93,3-5. Tale passo ha dato adito a molte discussioni tra gli studiosi, in quanto, vengono a contrapporsi due ipotesi: quella che vede il successivo insediamento da parte di alcune etnie dei Popoli del mare sulle coste meridionali della Palestina a seguito del loro arruolamento nell'esercito egizio lì stanziato e l'altra che vede nell'occupazione di aree palestinesi di dominio egizio il risultato di una vittoria ottenuta dai Popoli del mare sul faraone. Sulla questione si veda: Stadelmann, Saeculum 19 (1968) op.cit.168-69; W.Helck, *Die Beziehungen Aegyptens und Vorderasiens zur Aegaeis ins 7. Jahrhundert v.Chr.*, (Darmstadt 1979), 141 con bibliografia.

Guerra contro i Libici - serie I

[MH I.17; Rosellini, II, Tav.CVIII]

Ramesse III sul carro marcia con l'esercito composto da truppe egiziane (carristi e fanti) e truppe straniere (Shardana, Peleset e Nubiani).

Guerra contro i Libici - serie I

[MH I.18, 47 C-E; Rosellini, II, Tav.CXXVI]

Il re sul carro alla testa delle sue truppe carica i nemici in fuga; nei rilievi compare solo uno Shardana armato di scudo tondo e spada lunga ma intento ad abbattere i Libici con il bastone egizio *sbi.*

Battaglia contro i Popoli del Mare

[MH I.30-31; Rosellini, II, Tav.CXXVI]

Il faraone sul carro, si avvia alla campagna contro i Popoli del Mare accompagnato da truppe egiziane e mercenarie. Gli Shardana sono armati di spada lunga e di giavellotti.

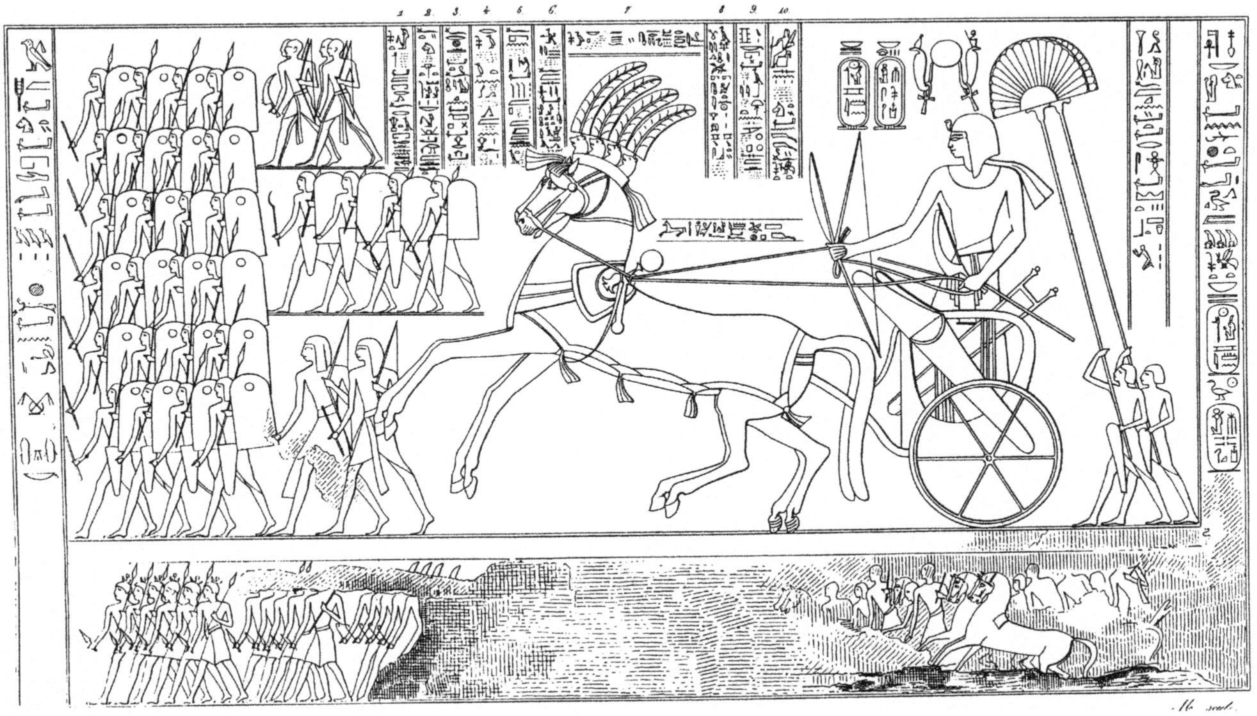

Battaglia contro i Popoli del Mare

[MH I.32-34; Rosellini, II, Tav.CXXVIII]

Il faraone sul carro carica il nemico affiancato dal suo esercito; i nemici su carri trainati da buoi, con donne e bambini sono attaccati dagli Shardana (armati di giavellotti, spade lunghe e di bastoni *sbi.*

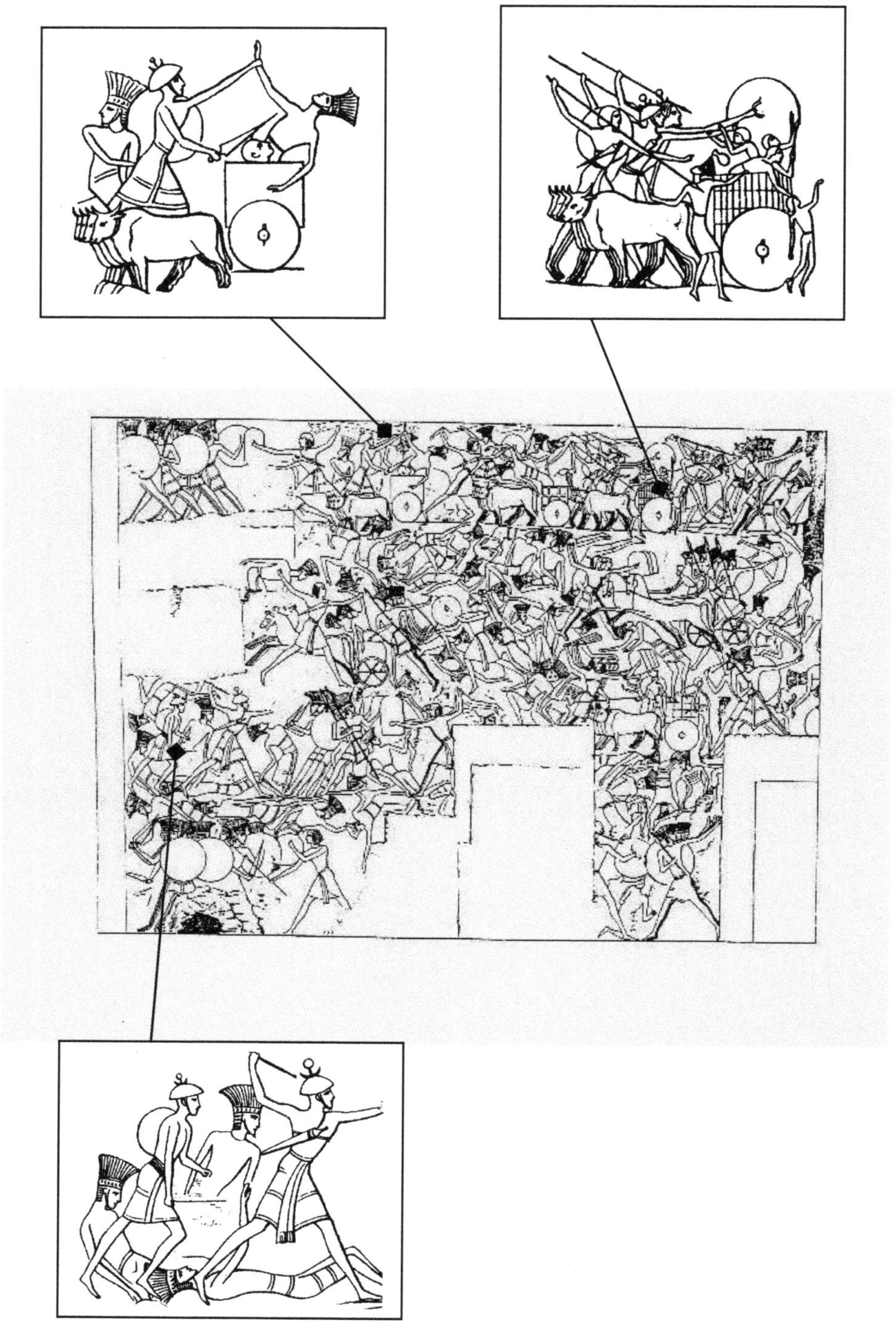

Battaglia contro i Popoli del Mare

[MH I.35; Rosellini, II, Tav.CXXIX]

In occasione della caccia al leone, evento intermedio tra le due battaglie contro i Popoli del Mare, lo Shardana figura tra le truppe egizie in marcia ed è armato con giavellotto e spada lunga:

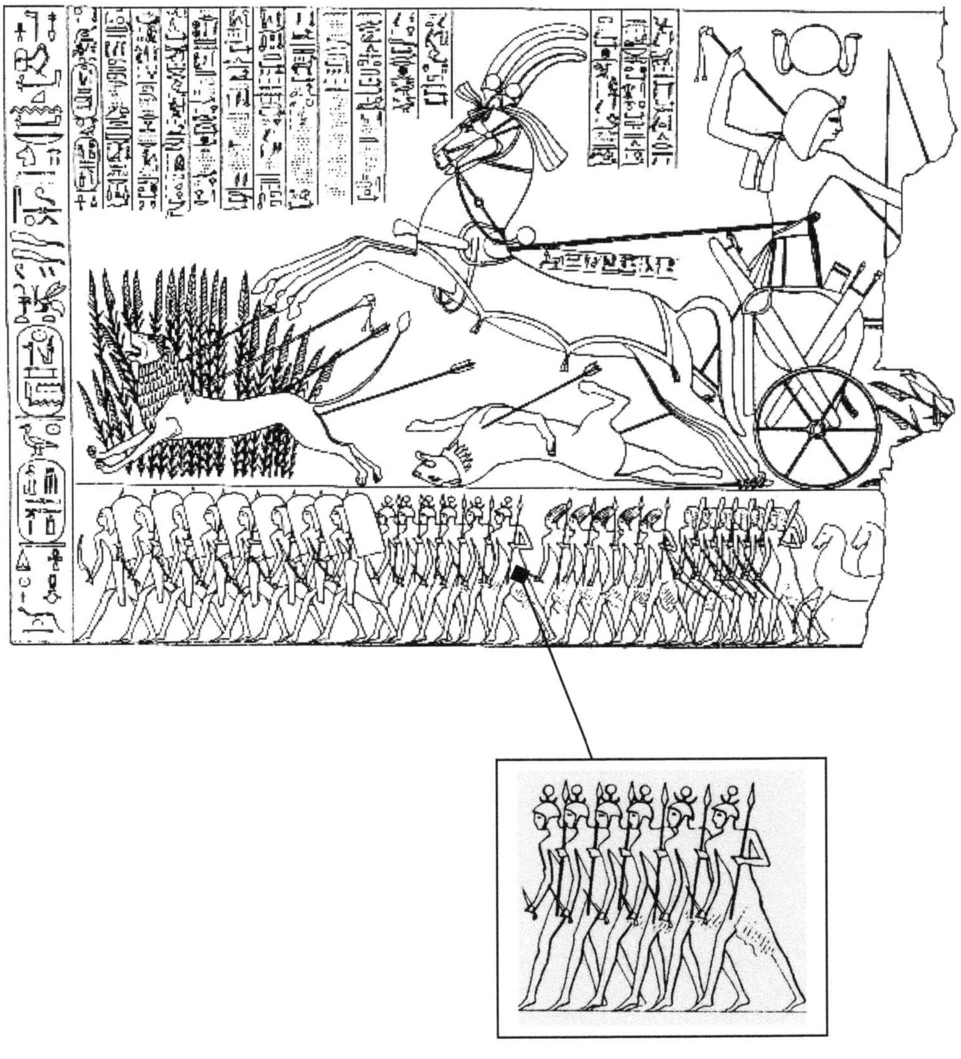

Battaglia contro i Popoli del Mare

[MH I. 36-43; Rosellini, II, Tav.CXXXI]

Il sovrano in piedi sulla riva del Nilo (o della costa del Mediterraneo) preceduto dai suoi arcieri scaglia frecce in direzione degli "invasori" stanti su imbarcazioni; le cinque unità nemiche, di cui una capovolta, sono incalzate da quattro navi egizie. Tra gli avversari del faraone, oltre ai ben conosciuti Peleset, figurano dei guerrieri con un equipaggiamento (spade lunghe, scudi tondi, elmi cornuti, casacca e gonnellino) simile a quello degli Shardana[6].

[6] - La presenza di tali combattenti nei rilievi della *battaglia* (M.H. I,36-41, 50 B-D, 51 A, E-G, 52 A-B, 53 D) lascia ipotizzare la presenza di Shardana ostili all'Egitto contestuale alla presenza di quelli arruolati nell'esercito faraonico. Tuttavia, i testi afferenti all'evento indicano espressamente i "Wheshesh del mare" tra le formazioni vinte dal faraone in questo singolare evento bellico.

Lo Shardana figura nuovamente nella *seconda guerra contro i Libici* (M.H. II, 62, 71-72, 75-76 A, 55, 63-65, 129 B, D-F) e nella *campagna asiatica* (M.H. II, 87-93, 94-110, 125) di Ramesse III:

Guerra contro i Libici - serie II

[MH II. 62; 55, 63-65]

Il sovrano, sul carro, preceduto da quattro file di truppe egiziane e straniere (Shardana e Nubiani) e una fila in basso e seguito da portatori di flabello e due file di nobili. Gli Shardana sono armati di spada lunga e di giavellotti, gli Egiziani utilizzano i giavellotti e i bastoni *sbi* e i Nubiani usano l'arco e il bastone.

Guerra contro i Libici - serie II

[MH II.71-72; 129 D-F]

Il faraone sul carro, affiancato da due file di carristi e dalla fanteria, scaglia dardi sulle schiere confuse dei Libici in fuga; gli Shardana prendono parte allo scontro e sono armati di spada lunga e scudo tondo.

Guerra contro i Libici - serie II

[MH II. 88-89]

Il sovrano in piedi sul carro con la spada sguainata in alto colpisce un avversario e dà assalto alla città fortificata siriana di Tunip, affiancato dalla fanteria, carreria e dagli Shardana; i soldati egizi divelgono la vegetazione attorno alla città, assaltano la porta e tentano di scalare le mura con scale a pioli; un siriano alza un braciere in segno di resa e un trombettiere egiziano, già dentro la città, suona la vittoria. Gli Shardana sono a ridosso delle mura siriane e armati di spada lunga e scudo tondo.

Guerra contro i Libici - serie II

[MH II. 94-95]

Il sovrano calpesta i nemici e assalta una città Amorita, affiancato dalla fanteria egizia e dagli Shardana; i difensori asiatici abbassano le lance, e uno di loro solleva un braciere in segno di resa. Gli Shardana, a ridosso delle mura siriane, sono armati di spada lunga e di scudi tondi per proteggersi dai giavellotti nemici.

Guerra contro i Libici e Popoli del Mare

[MH I.17; Rosellini, II, Tav.CVIII]

Gli "Shardana del mare" (con elmi cornuti e disco centrale) figurano tra gli avversari vinti e sottomessi dal faraone.

Dopo il regno di Ramesse III, la documentazione sugli Shardana presenta caratteristiche più attinenti alla sfera sociale. I combattenti sono menzionati nel *Pap.Amiens*[7] nel quale si afferma che il sovrano ha concesso agli Shardana e agli scribi reali lo sfruttamento agricolo di un fondo annesso al tempio di Karnak:

it n ꜥꜥny ỉmn-Rꜥ nswt-nṯrw wꜣḥ (Wsr-mꜣꜥt-Rꜥ Mr-ỉmn) rmṯt n Šrdn ẖꜣr 200

"grano del dominio della casa di Ramesse-Meriamun (procurò) per (?)[8] *il popolo Shardana 200 sacchi"* (*Pap.Amiens* 4, 10)

it n ꜥꜥny ỉmn-Rꜥ nswt-nṯrw wꜣḥ (Wsr-mꜣꜥt-Rꜥ Mr-ỉmn) rmṯt n Šrdn n nꜣ sšw pꜣ mšꜥ r-ḫt.f ẖꜣr 850

"grano del dominio della casa di Amon-Ra dio degli dei che Usimara-Meriamun procurò per (?) il popolo Shardana e per reali scribi dell'esercito, sotto la sua autorità, 850 sacchi" (5, 4)

Il *verso* del papiro contiene precisi riferimenti alle tasse corrisposte dalle comunità di Shardana presenti nella tebaide:

it n ꜥꜥny.tn m-dt.f inn.f m pꜣ pr n nꜣ Šrdn m ḥꜥt-sp snw ꜣbd tpy šmw ssw mḏw-snw ẖꜣr 6

"grano di questi domini, sotto la sua autorità, che egli (si riferisce al governatore locale) ha preso dalla dimora degli Shardana nell'anno 2, 1° mese dell'estate, giorno 12. 6 sacchi" (vs. 2, x+10)

Indicazione importante sotto il profilo dell'assimilazione sociale si evince nel *verso 4, x+3* del papiro nel quale si fa riferimento allo Shardana *Ḫꜣ-rw-y*[9] beneficiario di un lotto di terra o di una rendita:

it n ꜥꜥny pn r-ḫt.f m-dt.f in n Šrdn ḫꜣ-rw-y ẖꜣr 3

"grano di questa proprietà, sotto la sua autorità e per suo conto, versata dallo Shardana Kharoy *3 ¼⅛ sacchi"* (vs. 4, x+3)

Gli Shardana risultano presenti in un secondo importante documento, il *Pap.Wilbour*[10]. Nel papiro sono attestati 42 Shardana in qualità di beneficiari di appezzamenti di terra di 5 arure, al pari dei funzionari e dei sacerdoti[11]:

---

[7] - Si tratta di un documento afferente alla tassazione e al trasporto di cereali da vari complessi templari distribuiti in Alto Egitto a quello tebano: A.H.Gardiner, *Ramesside Administrative Documents* (Oxford 1968), 7; id. "Ramesside Texts Relating to the taxation and transport of corn" in JEA 27 (1941), 41-46. Al riguardo, Gardiner trova singolare che nel documento compaiano i criminali pentiti quali beneficiari di un fondo annesso al tempio di Karnak.

[8] - Il papiro riporta *m-nꜣ* invece di *m-it*: Gardiner, JEA 41, 40. Nel nostro caso l'incertezza maggiore riguarda la localizzazione delle "dimore" degli Shardana poiché il documento si riferisce al Medio Egitto (area di Hermopoli).

[9] - Si tratta di un nome comune fra i soldati egiziani beneficiari delle terre del fondo settentrionale di Amon, benché nel caso dello Shardana ciò costituisce un fatto piuttosto indicativo del grado di assimilazione sociale di questi combattenti; sul passo: cfr. Gardiner, *Ramesside Administrative Documents*, op.cit.11,9 nel passo 4, x+3.

[10] - A.H.Gardiner, The Wilbour Papyrus II (Oxford 1948); B.Menu, *Le régime juridique des terres et du personnel attaché à la terre dans le Papyrus Wilbour* (Lille 1970); id., *Recherches sur l'Histoire Juridique, Economique at Sociale de l'Ancienne Egypt* (Paris 1983); O'Connor, *Il Nuovo Regno*, op.cit.287-92; S.L.D. Katary, *Land Tenure in Ramesside Period* (London – New York 1989).

[11] - Ai semplici soldati è invece riservato un fondo di 3 arure: Gardiner, *Wilbour Papyrus* op.cit.79-84; Menu, *Recherches* op.cit., 23; O'Connor, *Geography*, op.cit.693; Katary, *Land Tenure*, op.cit.16

Šrdn ṯ3rbw sṯ3t diw (5) gs it

"lo Shardana Ṯarbu (deve) 1/2 sacco per il possesso di 5 arure" (A.17:40).

Si tratta di un beneficio legato essenzialmente alla professione e garantisce al titolare tutti i diritti legati alla proprietà del bene, tra i quali rientra quello di avvalersi di *coltivatori* (*iḥwty*)[12] e di *servitori* (*šmsw*)[13]:

iḥwty m-dt Šrdn Ptḥmnw

"il lavoratore per conto dello Shardana Ptah-menu" (A.30:12).

così come in altro passo si evince:

šmsw 'Imny n3 Šdrn sṯ3t ḫmt(w) ḥsb it

"il servitore Ameni dello Shardana (n.n.) *(deve) 1/4 di sacco per il possesso di 3 arure"* (A.17:16).

Altro beneficio è quello dell'*ereditarietà* del bene:

šmsw Pnt3wr n3 Šdrn nty ḫpt m-dt ms.f sṯ3t ḫmt(w) ḥsb it

"il servitore Pentaur dello Shardana (n.n.) *che è deceduto, per conto di suo figlio, (deve) 1/4 di sacco per il possesso di 3 arure"* (A.27:19).

la parità di trattamento che sussiste fra lo Shardana e quegli ufficiali egizi preposti al loro comando: i vessilliferi. Infatti, a differenza di altre etnie mercenarie presenti nel paese, questi combattenti non sono guidati da un *wr ᶜ3* ma organizzati in "compagnie" o "manipoli" guidati da un *ṯ3y sryt n Šrdn*[14]:

ṯ3y sryt Šrdn Seth-ḫᶜ sṯ3t diw

"il vessillifero degli Shardana Seth-Ha (deve) [...] *per il possesso di 5 arure"* (A.27:43).

L'avvenuta integrazione sociale del mercenario alla fine della XX dinastia è testimoniata in un altro documento: il *Papiro dell'adozione*[15] (primo anno di regno di Ramesse XI), nel quale due Shardana, Pakamen e Satameniw, fungono da testimoni in un atto di donazione da parte del capo-scuderia Nebnefer in favore della moglie Naunefer:

ᶜḥᶜ.n iryw Nb-nfr p3y h3y sšw [...] *m-b3ḥ mtry ḳnw ᶜš3t* [...] *m-b3ḥ Šrdn P3k3mn m-b3ḥ Šrdn S3tmnw ḥmt tw.f ᶜḏdw*

---

[12] - Sulla figura ed importanza dell' *iḥwty* nella gestione e assegnazione degli appezzamenti: Gardiner, JEA 41, 21-22 e 48.

[13] - La questione relativa al "servitore degli Shardana" non è molto chiara, dacché in campo militare il *šmsw* è inquadrato nel personale della guardia (P.M.Chevereau, *Prosopographie des cadres militaires égyptiens du Nouvel Empire,* Antony 1994) e questo farebbe pensare ad incarico volto a proteggere o controllare i mercenari; tuttavia, la presenza del termine onomastico prima della specificazione *n3 Šrdn* fa ritenere esatta l'interpretazione di Gardiner (*The Wilbour Papyrus*, op.cit.) sulla funzione prettamente servile di questi personaggi.

[14] - Sul titolo di "portatore di stendardo": H.W.Helck, *Der Einfluss der Militärführerin der 18 Ägyptische Dynastie* (Hildesheim 1939); R.O.Faulkner, "Egyptian Military Organization" in *JEA* 39 (1953), 32-47; L.A.Chistophe "L'organisation de l'armée égyptienne à l'époque ramesside" in *Revue du Caire* 39, n.207 (1957), 387-405; A. Schulman, *Military Rank, Title and Organization in Egyptian New Kingdom* in MÄS 6 (Berlino 1964); J.Yoyotte e J.Lopez, "L'organisation de l'armée et les titulatures de soldat au Nouvel Empire égyptien" in *BiOr* 26 (1969), 45-49; S.Curto "Krieg" in LÄ, III, p.745-86; *L'Arte Militare presso gli Antichi Egizi* (Quaderno n. 3 del Museo Egizio di Torino - 1970); *L'Antico Egitto* (Torino 1981 e ristampa 2000); A.Kadry, *Officiers and Officials in the New Kingdom* (Budapest 1982); P.M.Chevereau, *Prosopographie*, op.cit.; G.Cavillier, *Il faraone guerriero* op.cit., 59-69; id., *L'apparato militare*, op.cit. 41-42. Nel papiro sono attestati 13 *portatori di stendardo degli Shardana*: Chevereau, *Prosopographie*, op.cit. 130-32.

[15] - A.H.Gardiner "Adoption Extraordinary" in JEA 26 (1941), 24-5.

"Nebnefer, mio marito fece un atto per me [...] *alla presenza di numerosi testimoni* [...] *alla presenza dello Shardana Pakamen, alla presenza dello Shardana Satmeniu e di sua moglie Adjedu"* (*Pap.Adozione* recto, II.3-4, 7-8, 9-10).

Simile condizione si evince nell'*Onomasticon Golénisheff*[16] databile alla fine della XX dinastia nel quale lo Shardana figura ancora tra le etnie straniere presenti in Egitto, mentre di natura forse più attinente alla sfera funzionale e militare del mercenario sono le informazioni desumibili da alcuni dei *papiri del decimo anno dell' Wẖm-msw.t*: il *Pap.Torino* 2026, il *Pap.BM 10326* e il *Pap.BM* 10375[17]; i primi due documenti epistolari attestano la corrispondenza tra gli scribi della necropoli reale Tuthmosi e Butenamon residenti in Alto Egitto mentre nel terzo figura il Vicerè di Kush Piankh. Nel *Pap.Torino 2026,* lo scriba Tuthmosi, temporaneamente residente in Nubia al seguito del Vicerè, chiede al figlio Butenamon chiarimenti su alcuni affari in itinere che riguardano la necropoli, tra i quali, la fornitura avverso compenso di 17 lance e nel quale figura lo Shardana Hori[18]:

ẖr ḏd.k tꜣ mdw n nꜣ niw iw.bw irw dit pꜣ dpt [...] *bw irr.k ḏd pꜣ rt iw swꜣḏ.k st n.f tꜣ mdw n nꜣ niw iw m Šꜣrdy*[*nꜣ Ḥr.i iw inn*] *sw n.i*

"Ora, tu hai fatto riferimento all'affare delle lance, ma non hai inviato l'imbarcazione [...]. Tu non hai ancora nominato l'incaricato dell'affare delle lance, mentre è lo Shard[ana Hori che ha portato] queste a me." (*Pap.Torino 2026*, 15-17).

In un'altra missiva (*Pap.BM 10326*), inviata da Tuthmosi (residente in Nubia) a Butenamon (residente a Tebe ovest), lo Shardana Hori figura nuovamente come messaggero e persona di fiducia del latore:

iw m-di ꜥḥꜥ.f hb.n.k r.f ꜥn m-dt Šꜣrdnnꜣ Ḥr.i ẖr mdw m-mtt m-di Ḥr-imn-pnf r-ḏd im ii.f n.i

"Io ti ho già scritto per lui tramite lo Shardana Hori ed ho parlato (di ciò) con Herampenef (altro lavoratore della necropoli) dicendogli: mandalo da me." (*Pap. BM 10326*, vs.8-9).

Nella terza missiva (*Pap.BM 10375*), inviata da Butenamon e dal guardiano Kar al Vicerè di Kush, è indicato con chiarezza che lo Shardana Hori (forse lo stesso indicato nei due documenti precedenti) è un *šmsw* (servitore) qui con incarico di messaggero:

sḏm.n mdw nb iw hꜣbw.nn pꜣy nb.n ḥr r-rw pꜣ hꜣbw iw irr.nn tꜣ šꜥt m-dt Ḥr.i pꜣ Šꜣrdynꜣ pꜣy šmsw n pꜣy nb.nn

"Noi abbiamo preso nota di tutte le incombenze che il nostro signore (il vicerè) ci ha scritto (let.inviato), avendo ricevuto questa lettera dalle mani di Hori lo Shardana, il servitore del nostro signore, lo scriba Butenamon ha traghettato e l'ha ricevuta (la lettera) da lui nel primo mese della terza stagione, [giorno] 18" (*Pap. BM 10375*, 10-12).

Sulla presenza dei mercenari in fortezze presenti nel paese non sappiamo, tuttavia, in una stele funeraria e in un'iscrizione di un sarcofago della fine della XX dinastia si fa riferimento a "fortezze Shardana"; la prima proviene dal tempio di *Ḥršf* ad Herakleopolis e il titolare, *Sethemheb*, è generale e al contempo *ḥꜣt pꜣ nḫt ꜥꜣ Šrdnnꜣ "comandante della grande fortezza degli Shardana"*[19]; il sarcofago appartiene al principe

[16] - *Pap.Moscou* 169, 4.5; AEO I: 25, 28.

[17] - E.F.Wente, *Late Ramesside Letters* (Chicago 1967), p.13 e 16 n. 9, 28 e 50; (New York 1987), 188-195: n.9, 28 e 50; J.Černy, *Late Ramesside Letters* (London 1947), 17-21a, 44-48a e 71-74a.

[18] - Secondo Wente (*Late Ramesside Letters* 1987, op.cit.190) si tratterebbe dello stesso *Ḥr.i* menzionato nelle altre due missive.

[19] - W.H.F.Petrie, *Ehnasya* (London 1905), 22 – Pl.XXVII n.1; PM V, p.119; KRI VII, 373; Sethemheb è anche scriba reale, soprintendente dei granai e appartenente alla fortezza di *Mr-mšꜥ.f*:

Men-ma-ra-nekhtw anch'esso un *ḥ3t p3 nḫtw diw Šrdnn3 "comandante delle cinque fortezze degli Shardana"*[20].

Stele di *Sethemheb* (da Petrie, *Ehnasya*, op.cit.pl.27.1)

Sempre ad Herakleopolis, un'altra stele rinvenuta all'interno del tempio di Hershef appartiene allo Shardana Pazegef della fortezza di *Usr-M3ʿt-Rʿ*[21].

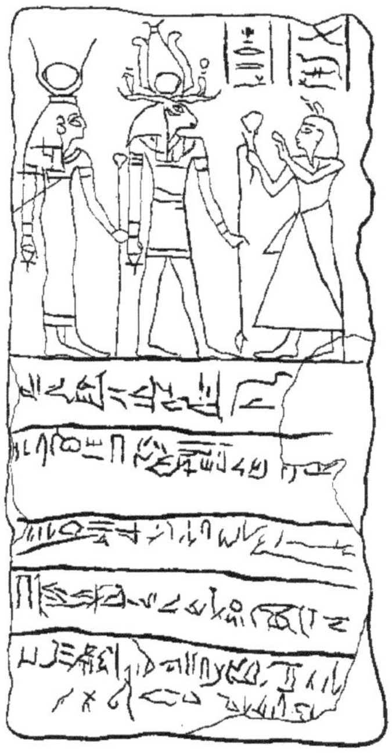

Stele di *P3ḏzf* (da Petrie, *Ehnasya*, op.cit.pl.27.2)

L'ultimo documento a noi noto sugli Shardana è la *Stele di donazione di Helwan*, databile al sedicesimo anno di regno di Osorkon I, nel quale si menziona una donazione di terre da parte del sacerdote Ged-ptah-iuf-ankh in favore di Ptah; le tenute sono consegnate al principe Nimlot, comandante generale della fortezza di *Sḫm-ḫpr* principale piazzaforte del Medio Egitto; la proprietà comprende "i campi Shardana" atto, questo, che probabilmente testimonia l'avvenuto cambio istituzionale tra i mercenari d'età ramesside e i combattenti di stirpe libica[22].

D.Kessler "Eine Landshenkung Ramses'III. Zugunsten eines 'Grossen der Thrw' aus Mr-mšʿ.f " in SAK 2 (1975), 103-34; Chevereau, *Prosopographie*, op.cit. 62 n.9.19.

[20] - Chevereau, *Prosopographie*, op.cit. 62 n.9.20.

[21] - Petrie, *Ehnasya* op.cit, 22 – Pl.XXVII n.2; PM V, p.119. In base alle caratteristiche stilistiche, la stele mostra evidente derivazione da modelli egizi. Più complessa appare la corretta lettura dell'iscrizione che, come giustamente evidenziato da Spielgeberg, indica l'uso da parte dello scriba di un lessico e di formule forse più afferenti al periodo libico. Sulla stele di Pagezef: G.Cavillier, *La Stele dello Shardana Pagezef* (in corso di stampa) e id., "Contribution to the study of the 'Sherden' in Ramesside Egypt: the case of *P3ḏzf* stela" in *Abstracts of papers of the IX International Congress of Egyptologists - Grenoble 6-12 september 2004* (Grenoble 2004), 59-60.

[22] - G.Daressy, "Trois Stèles de la Pèriode Bubastide" in ASAE 15 (1915), 141-143. Sul periodo storico e sulle vicende della fine della XX dinastia: K.A.Kitchen, *The Third Intermediate Period in Egypt (1100-650 BC)* (Warminster 1986), 255- ; N.Grimal, *Storia dell'Antico Egitto* (Roma 1991); J.Yoyotte, "Pharaons, Guerriers lybiens et Grands prêtes" in P.Montet, *Tanis, l'or des Pharaons* (Paris 1987) e il più recente A.Niwinski, "Le Passage de la XX à la XXII Dynastie: Chronologie et Histoire

Le fonti esterne all'Egitto

Il primo accenno agli Shardana è nelle lettere di El-Amarna; nella EA 81,16 Rib-Addi di Biblo dice di aver ucciso dei ribelli e fa riferimento alla presenza (forse all'interno della sua guarnigione) di *am[êlu] si-ir'-da-nu*[23], mentre nella EA 122,35 questi fa riferimento ad un incursione nemica ai danni del suo regno che avrebbe causato la morte di uomini Shardana e di tre uomini della sua guarnigione; tale avvenimento è sottolineato nuovamente nella EA 123,15[24].

Un secondo gruppo di documenti è costituito dai *testi di Ugarit*[25], databile dal XIV al XII sec.a.C., nei quali gli Shardana sono beneficiari di terre prestando servizio in qualità di *mdrglm* e di *tnnm* "combattenti"[26]. Nella PRV 3, 124 [RS

Politique" in BIFAO 95 (1995), 333-48 con bibliografia.

23 - Differenti e molteplici ipotesi sono state formulate sul significato etnografico del termine semitico *Si/erdanu*; molti studiosi hanno tentato di trovare valide rispondenze sul piano etimologico tra questo termine e quelli ugaritici ed egizi descriventi gli Shardana. Tra le numerose teorie ricordiamo quelle di Albright ("Some Oriental Glosses, op.cit.) che vede nel termine *Serda* (accusativo di *Serdu* "servitore") delle rispondenze con quello ugaritico *Srd* o *Srt* "servire", mentre di diverso avviso sono Sanmartìn e Lehmann: il primo esclude qualsiasi connessione con il termine ugaritico *trdn/serdanu* e quello egizio:*"..moglicherweise haben die EA-akk.belegten lù-sirdanu mit dem Seevolk der sà-r-di-n einiges gemeinsam"* ("Glossen zum ugaritischen Lexicon (VI).8. Ug. *trtn* - oberrichter" in UF 21 (1989), 345-8), il secondo, pur accettando una rispondenza etimologica dei termini summenzionati nell'idea dell'impiego degli Shardana al servizio dei regni levantini, esclude qualsiasi connessione con la successiva comparsa dei Popoli del Mare: Lehmann, *Zum Aufreten von Seevolker-Gruppen*, op.cit.; *Die Mychenische-fruhgriechische Welt und der ostiliche Mittelmeerraum in der Zeit der Seevolker invasionen um 1200 v.Chr.* - Rheinisch-Westfalische Akademie der Wissenschaften. Vortrage G.276 (Opladen 1985), 33-34. Infine, secondo Moran gli Shardana di Biblo non hanno alcuna attinenza con quelli presenti in Egitto: W.L.Moran, 1997, 605 e 1992, 393. Sulla questione vedi anche: A.Alt, "Syrien un Plalastina im Onomastikon des Amenemope" in *Schweizerische Theologische Umschau* 20 (1950), 58-71; id. *Kleine Schriften* I (Munich 1953), p.234; Liverani, *Antico Oriente*, op.cit.634; Helck, *Die Beziehungen Agyptiens*, op.cit.133 e G.Scandone-Matthiae, *Egitto e Sardegna. Contatti fra culture* - Sardo' 3. (Sassari 1988), 10-16.

24 - Il fatto che il sovrano gublita informi il faraone sull'accaduto ha fatto ipotizzare che gli Shardana potessero far parte del contingente egizio presente a Biblo: Helck, *Die Seevoelker*, op.cit.225-8. Tuttavia, nelle EA 76, 83, 85, 88, 103, 107, 117, 118, 122, 127, 131, 132, lo stesso Rib-Addi fa espressa richiesta al faraone di un gran numero di truppe di guarnigione (*awêluti masarti*), di soldati (*sâbe pitâti*) e di carri per difendersi. E' evidente che una esplicita richiesta di fanti, di carri e di truppe di guarnigione e guardie del corpo, tra cui annoveriamo in EA 127 e 131 i *Kushiti* e in EA 117 i *Melukka* rivela la necessità del sovrano di proteggere la città (espressamente definita di proprietà del faraone) ma non chiarisce il perché della mancata richiesta da parte di Rib-Addi al faraone di Shardana qualora tali elementi facessero parte della guarnigione egiziana di Biblo. Non è un caso, credo, che anche Abi-Milki di Tiro nella EA 152 chiede al faraone rinforzi (80 *wʿw* "soldati") ma non menziona gli Shardana; sulla controversa questione pro e contro l'ipotesi della presenza a Biblo degli Shardana per conto dell'Egitto cfr: O.Loretz, "Les Serdanu et la fin d'Ougarit" in *Ugaritica* XI (1995),127-28.

25 - C.Villoreud, "Les nouvelles tablettes alphabétiques de Ras-Shamra" in CRAIBL (1952), 229-234; M.Dietrich-O.Lotretz, "Die Šrdn in den Texten von Ugarit", in E.Stier, *Antike und Universalgeschichte. Festchrift* (Munster 1972), 39-42; O.Loretz, *Ugaritica* XI, op.cit. 128-131; su Ugarit M.Yon, "Ugarit" in OEANE V, 255-62 con bibliografia.

26 - Dietrich-Loretz, *Die Šrdn*, op.cit.41. La questione appare però più complessa per il fatto che gli Shardana hanno nomi semitici e ciò ha fatto escludere una loro provenienza esterna all'area levantina; secondo Sanmartin (op.cit.346) si tratta di indigeni che non hanno nulla a che fare con gli Shardana, mentre Loretz (*Die Šrdn*, op.cit.41-42; *Le Serdanu*, op.cit.131) dà significato militare al termine *ṯrtnm* (servitore) intimamente connesso con quello di *srt* (servire) dal quale proverrebbe il significato di "mercenario", differente da quello di *mḏrglm* (guardia) applicato ai militari ugaritici; sempre secondo lo studioso il fatto che il termine *trtnm* sia citato nelle liste afferenti alle mestieri dei dipendenti della casa reale (soldati nel caso di specie) conferma che si tratta di mercenari che lavorano a palazzo; sulla questione vedi anche M.Heltzer, *The Internal Organization of the Kingdom of Ugarit* (Wiesbaden 1982), 125-27. Sulla funzione militare del termine *ṯrtnm* concorda Rainey (op.cit.26) che ipotizza una possibile integrazione

15.167=163], 113 si menziona la probabile cessione o vendita di terre da parte di personaggi definiti *še-er-da-an-ni* comparsi davanti al re di Ugarit:

"Amistamru, figlio di Niqmepa, re di Ugarit davanti a cui sono comparsi [...]"

[Sal XX]d IM anar se-er-da-an-ni = "di [...], figlio di Serdannu"

Nella PRV 3, 131 ([RS 15.118], 5 e [RS 8.145;27]), il re di Ugarit concede coltivazioni a favore di uno Shardana:

"Amistramru, figlio di Niqmepa, re di Ugarit ha prodotto la querciaia di "

^{m}še-er-ta-an-ni qadu isKarani = "Sertannu con la vigna [...]"

Nella PRV 3, 109 ([RS 16.251], 5) si accenna ad un "campo di Allan, lo Shardana" e si è pensato che il termine *A.SA.mesal-la-anm* possa riferirsi ad un terreno piantato a querce così come riferito nel testo precedente[27].

" Niqmepa, re di Ugarit ha prodotto le terre di " 1 al-la-an-še-ri-da-ni = "Allan, lo Shardana".

Nella PRV 4, 234 ([RS 17.112], 6), lo Shardana *NP dumu NP^{lú} še-er-da-na* ha il nome semitico di *ma-mar-d addu dumu [di] mu-ut-db'al.*

"Niqmepa, re di Ugarit ha prodotto le terre di " [1 a-maril 2-addu] mar mu-util-ba'al amilu se-er-dan[a] = "[Amaraddu] figlio di mu-ut-baal, lo Serdana".

Un'ultima questione relativa alla presenza degli Shardana ad Ugarit è stata evidenziata da Loretz e attiene la lettera KTU 2.61 (2114) indirizzata al *d̲rdn* della città nel quale si menziona alle calamità e alle pericolose incursioni di predoni (Popoli del Mare?) ai danni di una città ugaritica:

(1) *l d̲rdn* (2) *bʿly rgm* (3) *bn hnrk* (4) *mgy* (5) *hbt̲ hw* (6) *hrd w slhw* (7) *qrt* (8) *akln b gnrt* (9) *l b'r* (10) *ap krmm* (11) *hlq* (12) *qrtn hlq* (13) *w d' d'*

"A Sarridanu, mio signore, dico: Bn-Hnrk è giunto. Egli ha abbattuto la guardia e saccheggiato la città. Il nostro cibo è nelle aie ha depredato; anche i vigneti sono perduti. La nostra città è distrutta. Ecco quanto dovevi conoscere".

Il contesto prettamente militare del messaggio e il significato della missiva, a guisa di rapporto sull'evento, ha convinto Loretz che *Sarridanu* (*d̲rdn*) possa essere il capo della guarnigione di Ugarit forse residente nel "Palazzo minore" della città dal quale probabilmente dipendevano gli Shardana presenti nel regno[28].

sociale dello Shardana ad Ugarit, fattore decisivo per la successiva introduzione del termine semitico *Serdanu.* Non è da escludere tuttavia il fattore commerciale e la presenza a Cipro di bronzetti che presentano interessanti somiglianze con gli Shardana, ha fatto ipotizzare la presenza dei mercenari ad Ugarit: E.Noort, "Seevölker, materielle Kultur und Pantheon. Bemerkungen zur Benutzung archäologischer Daten - ein Kritischer Bericht" in B.Jonowski - K.Koch - G.Wilhelm, *Religions-geschichtliche Beziehungen zwischen Kleinasien, Nordsyrien und dem Alten Testament.* Internationales Symposium (Hamburg, 17-21 März 1990) - Orbis Biblicus et Orientalis 129 (Freiburg - Göttingen 1993), 363-389; M.Liverani, *Oltre la Bibbia: storia del popolo di Israele* (Roma-Bari 2003),42 con bibliografia precedente. Al riguardo, Gras (*Traffics Tyrréniens*, op.cit.43-57) ritiene che tale fenomeno possa essere avvenuto sotto l'egida di Micene. Sui rapporti commerciali e la corrispondenza tra Ugarit e Alashiya: P.R.Berger "Die Alasia-Briefe - Ugaritica V, Nougayrol, Nrn. 22-24" in UF 1 (1969) 217-21; sul dominio ittita di Alashiya e sull'attività dei Popoli del Mare nel bacino mediterraneo nella versione ittita: M.Dietrich-D.Loretz, "Das "seefahrende Volk" von Sikila" in UF 10 (1978) 53-6; G.A.Lehmann, "Die Sikalaju" in UF 11 (1979) 481-94; G.Steiner, "Neue Alasiya Texte" in *Kadmos* 1 (1962) 130-8; H.G.Gueterbock, "The Hittite Conquest od Ciprus Reconsidered" in JNES 26 (1967) 73-81; I.Singer, in *Anatolian Studies* 33 (1983) 217; Liverani, *Oltre la Bibbia,* op.cit. con ampia bibliografia; J.Osing, op.cit.315.

[27] - W.Von Soden, *Akkadisches Handworterbuch* I-III (Wiesbaden 1965-81), 37; M.Liverani, "Le Chêne de Sherdanu" in *Vetus Testamentum* 27 (1977), 214; M.Heltzer, "Some questions concerning the Srdn in Ugarit" in *Israel Oriental Studies* 9 (1979), 9-16; id. *The Internal Organization*, op.cit.125-27.

[28] - O.Loretz, *Ugaritica* XI, op.cit.131.

CAPITOLO SECONDO

L'ARMAMENTO

Una delle caratteristiche essenziali dello Shardana è l'armamento. Abbiamo a che fare con un guerriero barbuto, dall'elmo cornuto con un disco solare emergente nella parte centrale, un'armatura fatta di strisce di cuoio disposte orizzontalmente, uno scudo rotondo rinforzato da borchie metalliche e una lunga spada da taglio e affondo. L'armamento suggerisce una straordinaria versatilità nel combattimento "corpo a corpo" e soprattutto in quelle operazioni che implicano velocità come gli assalti ai carri e alle fortificazioni.

Shardana in azione (*Rosellini* II, CXXX)

La spada

Il primo evento ufficiale al quale prendono parte gli Shardana in veste di mercenari è la battaglia di Qadesh. I guerrieri sono rappresentati in due momenti ben distinti: il consiglio di guerra del faraone prima della battaglia e l'attacco ai carri ittiti durante la reazione egizia. Nel primo caso lo Shardana mantiene appieno tutti i suoi elementi iconografici distintivi: elmo cornuto con disco centrale, spada lunga, gonnellino, sandali e scudo tondo, nel secondo, invece, l'arma con la quale il mercenario affronta un carrista ittita è una spada corta[1]. Nei rilievi dell'assedio di Dapur, l'armamento Shardana risulta più tradizionale: spada lunga, fodero dell'arma legato al torace e scudo tondo.

Battaglia di Qadesh: gli Shardana nell'accampamento egizio (*Rosellini* II, CVI)

Appare perciò evidente che l'arma tipica Shardana è la spada lunga, a lama triangolare e del tutto similare alla *Naue II*, l'arma da taglio e da affondo più diffusa in Europa e nel Bacino del Mediterraneo, particolarmente efficace nel combattimento a distanza ravvicinata[2].

---

[1] - Ciò è probabilmente più legato alle esigenze da parte dell'artista che all'uso di un'arma corta da parte del guerriero per recidere gli arti del nemico, dato che non abbiamo alcun dato né iconografico né testuale sull'uso di un simile strumento da parte dello Shardana; inoltre, la forma triangolare della spada corta raffigurata rivela la miniaturizzazione operata dall'artista egizio; invece, nei rilievi di Abu Simbel, gli Shardana sono armati di giavellotti, scudi tondi e di un'arma da taglio simile a quella in dotazione ai soldati egizi.

[2] - J.Naue, *Die vorromischen Schwerter aus Kupfer Bronze und Eisen* (Munich 1903); D.H.Gordon,

Battaglia di Qadesh: uno Shardana atterra un carrista ittita (*Rosellini* II, CV)

Prima dell'avvento di questo tipo di spada, e cioè fino alla fine del XIV sec.a.C., in tutto il Vicino Oriente e il Bacino del Mediterraneo erano già in uso diversi esemplari di spade di tipo lungo da taglio e da affondo la cui origine risale probabilmente al III millennio a.C.[3] Tipologie di spade lunghe sono inoltre attestate nei secoli XVI e XV a.C. in Anatolia; si tratta di armi da stoccata piuttosto lunghe (da 80 cm a più di 1 m) probabilmente utilizzate quali preziosi oggetti da parata[4].

Nella pratica bellica, invece, l'uso delle spade di tipo lungo non è attestato negli scontri del Tardo Bronzo che, nella maggior parte dei casi, si traducevano in una successione di scontri tra carri, in lanci di dardi, in vari scontri corpo a corpo tra gli schieramenti e in logoranti assedi. Gli eserciti, si avvalevano di armi da lancio come il giavellotto e l'arco e di armi come la lancia, il pugnale (o anche la daga), il *kepesh*, il bastone, la mazza e l'ascia per il combattimento ravvicinato[5], mentre la spada non compare quale arma di uso comune poiché estremamente costosa sia per il tipo di lavorazione, sia per gli oneri derivanti dal relativo addestramento; alla spada di tipo lungo si preferiva infatti il pugnale o la daga (di lunghezza massima compresa tra i 35 e i 70 cm) il cui peso non gravava sull'intero armamento e la cui produzione non sembra comportasse elevati oneri.

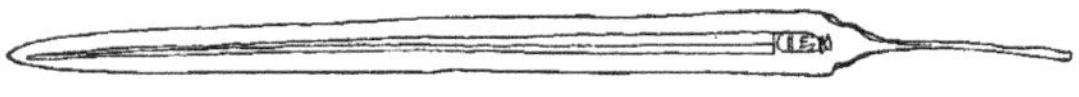

Spada egizia di tipo lungo rinvenuta ad Ugarit (Catling, "Bronze cut", op.cit.)

"Swords, Rapiers, and Horse-riders" in *Antiquity* 27 (1953), 67-78.

[3] - Una delle più importanti fonti a nostra disposizione sulla presenza di spade lunghe nel Vicino Oriente è un esemplare rinvenuto nel sito palestinese di Bet Dagin nel 1910, ora al British Museum, identificata da H.R.Hall (*Aegean Archaeology* (London 1915), 247 n.1) come spada filistea di tipo Shardana databile al 1200-1150 a.C. L'analisi metallografica effettuata sull'arma nel luglio 1992 da J.N.Tubb del Dipartimento delle Antichità Orientali del British Museum ha rivelato che si tratta, in realtà, di una spada canaanea del III millennio a.C.; Maxwell-Hyslop, *Daggers and Swords*, op.cit.59; per una visione generale sull'armamento della Tarda Età del Bronzo in Canaan: S.Shalev, *Sword and Daggers in Late Bronze Canaan* – PFB IV.13 (2004).

[4] - Sandars, *Later Aegean Bronze Swords*, op.cit.130; su di una spada ritrovata a Bogazkoy con dedica di Tudhaliya II al dio della tempesta di Hatti per l'avvenuta conquista ittita di Issuwa: A.Unal e altri, "The Hittite sword from Bogazkoy-Hattusa" in *Muze* 4 (1990-91), 50-52; sull'armamento e sull'arte militare degli Ittiti: R.Beal, "I reparti e le armi dell'esercito ittita" in *La Battaglia di Qadesh: Ramesse II contro gli Ittiti per la conquista della Siria* – Catalogo della mostra Museo Archeologico di Firenze (Livorno 2002), 93-108 con bibliografia.

[5] - Sulle armi egizie e sulle tattiche belliche: G.Cavillier, *Il faraone guerriero: I faraoni del Nuovo Regno alla conquista dell'Asia tra mito, strategia bellica e realtà archeologica* (Torino 2001), 71-85; id. "L'esercito, le armi e le fortificazioni" in *La Battaglia di Qadesh: Ramesse II contro gli Ittiti per la conquista della Siria* – Catalogo della mostra Museo Archeologico di Firenze (Livorno 2002), 40-43; id. "L'arte militare e le armi nell'Antico Egitto" in M.C.Guidotti, *Il carro e le armi del Museo Egizio di Firenze* (Firenze 2002), 38-41; J.Coles, *Archeologia Sperimentale* (Milano 1981); J.Coles e A.F.Harding, The Bronze Age in Europe (New York 1979); T.N.Dupuy, *The evolution of weapons and warfare* (Indianapolis 1980); R. Drews, *The end of the Bronge Age. Changes in Warfare and the Catastrophe ca.1200 B. C.* (Princeton 1993); D.H.Gordon "Swords, Rapiers, and Horse-riders", op.cit.; N.K.Sandars, *The Sea Peoples: Warriors of Ancient Mediterranean 1250-1150 B.C.* (Thames and Hudson 1978); N.Stillman e N.Tallis, *Armies of the ancient Near East 3000 BC to 539 BC* (W.R.G.P. 1984); Y.Yadin, *The Art of Warfare in Biblical Lands* (London 1963).

La spada

Nel momento in cui la *Naue II* anche detta *Griffzungenschwert*[6] si afferma nel Bacino del Mediterraneo intorno al 1300 a.C. la trasformazione dell'arte militare della Tarda Età del Bronzo giunge definitivamente a compimento. A prescindere dalla possibile identificazione dell'arma Shardana con qualche variante della Naue II, è importante sottolineare che l'efficienza e la superiorità di questo tipo di strumento di guerra sulle spade di piccola lunghezza sta nella duplice possibilità per lo spadaccino di poter colpire il nemico sia di taglio sia di affondo.

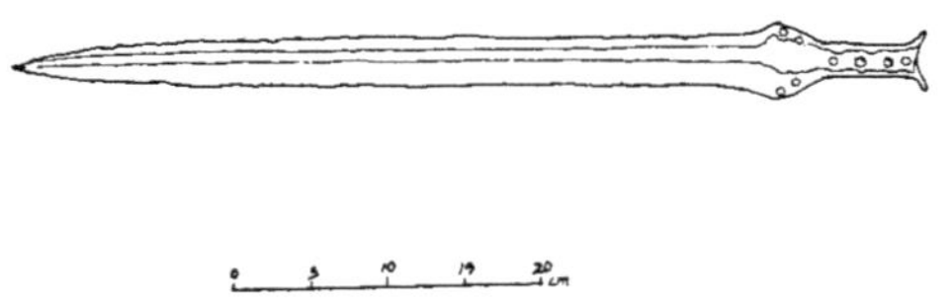

La Naue II (Catling, "Bronze cut", op.cit.)

Ciò si deve non tanto alla sua lunghezza (da 70 a 100 cm comune ad altri esemplari conosciuti nel Bacino del Mediterraneo) ma soprattutto alla sua composizione, dacché la lama e l'impugnatura sono ricavate da un unico pezzo metallico. L'arma è formata da due parti: una sottile lama a frange parallele (che corrisponde circa all'80% dell'intera lunghezza dell'arma) e un'impugnatura non codolare cioè formante tutt'uno con la lama, che garantiva maggior solidità contro le vibrazioni causate dal combattimento[7].

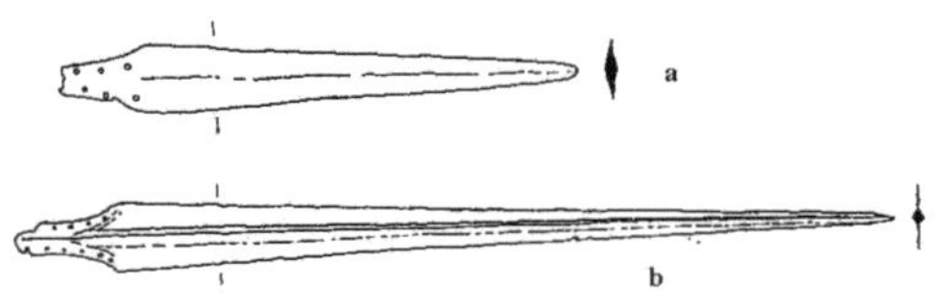

a) - spada canaanea; b) – esemplare di spada di tipo lungo rinvenuta in Palestina (Maxwell-Hyslop, *Daggers and Swords*, op.cit.)

Usata come arma da taglio la Naue II (o la variante Shardana) risulta maggiormente bilanciata rispetto a quelle di tipo corto poiché il suo baricentro tende a posizionarsi al centro della lama, mentre in quelle di tipo corto il baricentro è quasi sotto l'impugnatura con conseguente rischio di rottura o fessurazione dell'elsa o della punta. Usata come arma da stoccata, la lunghezza e la forma pseudo-triangolare della lama consentivano di aver ragione dell'avversario da distanze maggiori rispetto a quelle richieste dall'uso della spada corta; ciò spiega l'importanza che quest'arma ebbe nelle trasformazioni dell'arte militare del Vicino Oriente agli esordi dell'età del Ferro[8] e spiega

[6] - J.Catling, "Bronze cut-and-Thrust swords in the Eastern Mediterranean" in PPS 22 (1956), 102-25; Gordon, *Swords, rapiers and horse-riders*, op.cit.71.

[7] - Infatti, nel sito di Ras Shamra nella "casa del Gran Sacerdote di Ugarit" situata ad est del Palazzo reale Schaeffer (*Mission de Ras Shamra* - Ugaritica III, vol.8 (Paris 1956)) rinvenne una collezione di 74 oggetti bronzei tra i quali 5 spade lunghe; una di queste di 74 cm di lunghezza reca il cartiglio di Merneptah inciso sulla lama. Si tratta certamente di una *griffzungenschwert* ma si diversifica dalla Naue II sia per la lama a frange parallele convesse sia per l'impugnatura ad anima codolare; ciò fa ipotizzare che il rivestimento dell'impugnatura fosse mobile che l'arma fosse stata configurata appositamente a corredo di una statua o come oggetto da parata. Tuttavia, è da segnalare che le armi rinvenute a Ras Shamra (compresa quella su indicata) furono dapprima conservate in un deposito situato nelle fondazioni dell'abitazione del sacerdote e, poco prima della distruzione della città, furono trasferite nella dimora soprastante, forse per un eventuale utilizzo da parte dei possessori o forse raggruppate dai saccheggiatori e poi lasciate o *in situ*. La presenza di simili esemplari nella città ha convinto alcuni studiosi della presenza di officine specializzate ugaritiche o micenee: Lorimer, *Homer and the monuments*, 21 e 33; Childe, "The final Bronze Age in the Near East and temperate Europe" in PPS 14 (1948), 183-ss.; Hawkes, *From the Bronze Ages to Iron Age*, op.cit.198-ss.; Gordon, *Swords, rapiers and horse-riders*, op.cit.72; Catling, *Early Greek armour and Weapons*, op.cit.207

[8] - Secondo Drews (*The end of the Bronge Age*, op.cit.) l'apparizione di quest'arma alla fine del XIII sec.a.C. ha causato la caduta della cività del Tardo Bronzo, mentre Sandars (*Late Aegean Bronze Swords*, op.cit.142) contestualizza meglio tale fenomeno ritenendo l'arma un significativo elemento di trasformazione dell'arte bellica nel Bacino del Mediterraneo; infatti, alla spada è notoriamente legata una trasformazione dei costumi sociali visibile nella comparsa di veri e propri corredi di guerra. In particolare, a Perati (Attica),

altresì la sua successiva diffusione in tutta l'Europa centro-orientale[9].

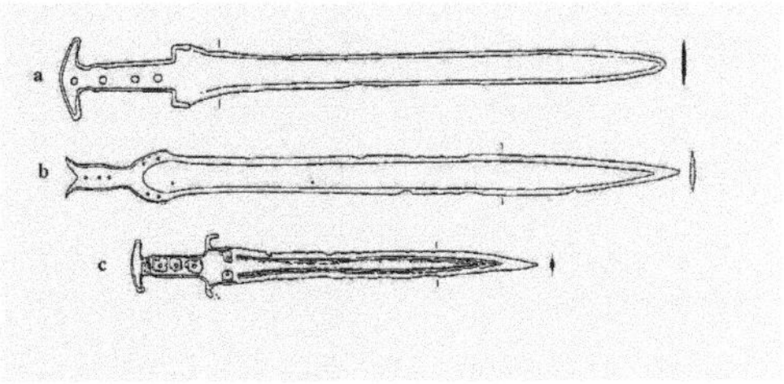

Tipologie di spade rinvenute in Egeo: a) – Mouliana; b) – Perati; c) – Cos (Drews, *The end of the Bronge Age*, op.cit)

Il giavellotto

Altra arma di cui lo Shardana si avvale è il giavellotto; nei rilievi della battaglia di Qadesh e in quelli di Medinet Habu, ciò è particolarmente evidente; tuttavia, va detto che si tratta di armi egizie poiché questo tipo di arma non compare tra quelle adoperate dai mercenari né tra quelle adoperate dagli invasori.

Il giavellotto egizio è un'arma a lunga gittata, simile ad un grande dardo avente una lunghezza pari a 1.5 m e un peso compreso tra i 600 e gli 800 grammi con punta metallica di forma lanceolata, triangolare o romboidale[10]. Si tratta di

Cos (Egeo) e Mouliana (Creta) è significativo il ritrovamento di tombe forse appartenute a dei capi mercenari contenenti dei corredi militari ed un'oggettistica atta a contraddistinguere il personaggio nei vari contesti palatini. A conti fatti, però, di questa tipologia di arma disponiamo solo di una ventina di esemplari provenienti dall'Egeo (J.Lagarce, "Quatre épées de bronze provenant d'une cachette d'armurier à Enkomi-Alasia (Cypre)" in Ugaritica VI (1969), 349-68; K.Demakopoulou in *Achaiologia Analekta Athenon* (1969), 226-ss; H.G.Bucholz, "Schlussbemerkungen" in *Agaische Bronzezeit*, 502-3 e 123 e per Knosso: Catling, "Knossos 1978, in AR (1978-79), 46)) e di otto provenienti dal Vicino Oriente: cinque ad Ugarit, uno ad Hattusa, uno a Gaza e uno in Egitto: Catling, *Bronze Cut-and-Thrust Sword*, op.cit.16-19; id. "Late minoan Vases and Bronzes in Oxford" in ABSA 63 (1968), 101-4. Si tratta una quantità esigua se paragonata ai cento esemplari rinvenuti nella Penisola Italica (Valle Padana) e ai centotrenta attestati nei Balcani: Harding, *Myceneans and Europe*, op.cit.163; Bianco Peroni, *Schwerter/Spade*, op.cit.89-189 tavv.69-70A.

[9] - E' significativo il fatto che l'unica novità apportata a questa tipologia di spada in quasi mezzo millennio fu la sostituzione della lama in ferro che risultava più resistente anche se il *design* risultò conforme a quello originario. La Naue II è diffusa in Europa centrale (Italia, penisola Balcanica, Inghilterra e Scandinavia) fino al VII sec.a.C., benché molti studiosi ritengono che questa tipologia di spada fosse già in uso in Europa Centro-Nord prima di apparire nel bacino mediterraneo; infatti, la Naue Ia, databile al 1450 a.C. è presente anche in Egeo e rappresenta probabilmente una prima versione della Naue II: J.D.Cowen, "Eine einfuhurung in die Geschichte der bronzenzen griffzungenschwerter in Suddeutchland und der angrenzenden gebieten" in *Bericht der Romich Germanischen Kommission* 36 (1955), 52-54; J.Catling, "A new bronze sword from Cyprus" in *Antiquity* 35 (1961), 115-22; Sandars, *The Sea Peoples,* op.cit.91-94; Foltiny, "Flange-Hilted Cutting Swords of Bronze in Central Europe, Northeast Italy, and Greece" in AJA 68 (1964), 247-58

[10] - Questo tipo di arma ha suscitato non poche perplessità tra gli studiosi poiché trattandosi di una piccola asta recante una punta metallica simile a quelle delle frecce fu individuata proprio come una freccia di dimensioni più ampie. Infatti, numerosi esemplari di punta *a lama triangolare acuta* (detta anche B7 che misura da 10 a 20 cm) databili dalla media alla tarda età del Bronzo sono stati rinvenuti a Megiddo (De Maigret, *Lance*, op.cit.154-67) e in Epiro (Vila, *Lanzenspitzen*, op.cit.n.143-60; Snodgrass, *Early Greek Armour and Weapons*, op.cit.119-20; sulle connessioni con l'area balcanica ed europea: J.Coles - A.F.Harding, *The Bronze Age in Europe* (New York 1979), 179-80), mentre altre a *lama fogliata* (A7) di minori dimensioni (7.85 cm e 8.7 cm.) provengono dallo stratum XIII di Ras Shamra (M.J.Chavane, "Instruments de Bronze" in M.Yon e altri, *Ras Shamra - Ougarit III. Le centre de la ville: 38^-44^ Campagnes (1978-1984)* (Paris 1985), 357). In quest'ultimo sito, le punte sono state ritrovate in vari punti tra le macerie mentre una è stata trovata conficcata nella spina vertebrale di uno scheletro sepolto con del vasellame del periodo LHIIIA-B nella tomba n.75 della necropoli di Ugarit (Vila, *Lanzenspitzen*, op.cit.112-13). In merito, De Maigret, analizzando e classificando le tipologie di punte di frecce e lance rinvenute nel Vicino Oriente, in Egeo e in Europa centro-settentrionale ha ipotizzato che la maggior parte di queste sono punte di giavellotto e non di frecce, in quanto, in quest'ultimo caso, il fusto del dardo avrebbe dovuto possedere un diametro troppo ampio per il lancio con l'arco. Nel caso della battaglia di Qadesh e dei Popoli del Mare, Bonnet (*Waffen*, op.cit.105-6) sostiene che nella XIX dinastia questi *Wurfpeil* siano delle armi supplementari delle frecce ove queste ultime non colpissero il bersaglio con sufficiente efficacia, mentre Yadin (*Art of Warfare*, op.cit.251-52) ritiene che si tratti di armi di uso comune; Sandars (*Sea Peoples*, op.cit) e Strobel (*Seevolkersturm*, op.cit.) non ritengono il giavellotti

uno strumento legato inizialmente all'attività venatoria ma che si rivelò ben presto indispensabile a seguito dell'uso del carro da guerra; per il carrista costituiva l'arma da lancio alternativa all'arco, per il fante lo strumento ideale per affrontare i carri o i fanti pesanti avversari.

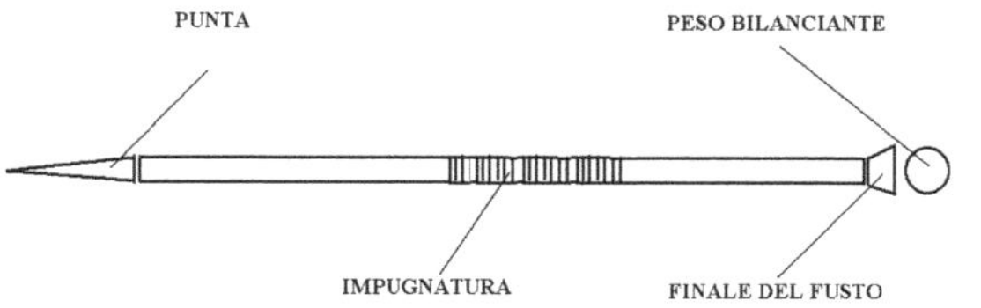

Ipotetica composizione del giavellotto egizio (composto da *punta, fusto, impugnatura, finale del fusto* e *peso bilanciante di forma sferica*)

Shardana armati di giavellotto (*Rosellini* II, CXXIX)

I vantaggi legati all'uso dell'arma sono quanto mai evidenti: il giavellottista poteva portare con sé più dardi, data la loro leggerezza e, a differenza dell'arciere, poteva lanciare il dardo in corsa con estrema precisione per poi recuperarlo in un secondo momento. Il bilanciamento dell'arma era, con tutta probabilità, ottenuto apponendo un peso di forma sferica all'estremità dell'impugnatura. In questo modo, era possibile bilanciare e regolare il peso dell'arma ai fini della sua efficacia tattica nei differenti teatri di operazioni[11].

tipico dei Popoli del Mare e ipotizzano si tratti di un artificio dell'artista egizio per connotare la scena.

Lo scudo

Lo scudo Shardana, al pari di quello utilizzato dagli altri Popoli del Mare, si componeva probabilmente di una struttura lignea di forma arrotondata ricoperta di uno strato di cuoio e di borchie metalliche di rafforzo; lo strumento era tenuto insieme da un sostegno centrale sul quale era ricavata l'impugnatura del fante[12]. Lo scudo

[11] - Non è da stupirsi che una simile arma sia attribuita a quei popoli semi-nomadi dediti alla guerriglia come gli Shasu: Cavillier, *Il Faraone Guerriero*, op.cit.

[12] - H.Borchardt, "Fruhe griechische schildformen" in Buchholz - Weisner, *Kriegswesen*, vol.1, op.cit.1-56. Esemplari di scudi tondi dell'età del Bronzo sono stati rinvenuti in Nord Europa, alcuni in bronzo e uno in cuoio. Gli scudi bronzei risultano composti da lamine sottili di sezione compresa tra i 2 e i 4 mm e la cui fragilità ha fatto ritenere arduo un loro utilizzo in combattimento; diverso è il discorso per lo scudo in cuoio scoperto in Irlanda nel 1908 avente un diametro di 50 cm e uno spessore di 5-6 mm, dotato di impugnatura posizionata nella parte superiore dello strumento ma sprovvisto di anima lignea o metallica. Apposite indagini sulle proprietà della pelle e del cuoio hanno rivelato che questo materiale era l'ideale per produrre protezioni da guerra, data la sua compattezza e flessibilità (trattandosi di un collageno proteico, composto di fibrille, fibre e fasci fibrosi collegati da una struttura connettiva). Infatti, con l'ausilio dell'archeologia sperimentale, le due tipologie di scudi (uno realizzato in cuoio indurito con acqua bollente e uno in lamina in rame dello spessore di 3 mm del tutto simili a quelli originali) sono state sottoposte ad una serie di test destinati a provare un loro eventuale utilizzo in combattimento. Lo scudo di bronzo risultava nettamente più fragile di quello in cuoio, tant'è che fu perforato al primo colpo da una lancia scagliata da breve distanza e tagliato quasi in due da un colpo di spada mentre lo scudo di cuoio, ben più flessibile, fu perforato sulla superficie esterna dalla lancia e resistette a circa 15 colpi di spada riportando soltanto una serie di tagli leggeri sulla superficie di contatto. Da qui, la considerazione che nell'epoca di nostro interesse, lo scudo in legno e

tondo si afferma nel Bacino del Mediterraneo intorno al 1200 a.C. per poi successivamente diffondersi in Europa centro-orientale dopo il 1000 a.C.[13].

Battaglia di Ramesse III contro i Popoli del Mare: Shardana attaccano un carro nemico (*Rosellini* II, CXXX)

Lo scudo tondo rappresenta una delle più interessanti novità degli esordi dell'Età del Ferro e la ragione della sua ampia diffusione si deve probabilmente alla sua leggerezza e manovrabilità in combattimento rispetto ai ben più pesanti modelli in uso in tutto il bacino del Mediterraneo; in Egeo, ad esempio, durante il periodo LHI, LHII e LHIIIA e B, lo scudo più utilizzato è quello a forma di "8" che consentiva al combattente di proteggersi quasi interamente (dal collo alle anche) contro i dardi nemici e una discreta libertà di movimento nell'utilizzo delle armi da taglio. Gli Ittiti, invece, utilizzano uno scudo di forma rettangolare, allungato e appiattito con lati rientranti al pari di quelli micenei ma di dimensioni più grandi, mentre lo scudo egizio, forse più pesante, era di forma rettangolare con la parte superiore a forma arrotondata e concepito in modo da proteggere interamente il fante sia contro i dardi che contro i colpi devastanti di armi come la mazza, l'ascia, la lancia e il khepesh.

Figura vascolare di un guerriero da Pilo (Harding, *Myceneans and Europe*, op.cit.)

Lo scudo tondo era di certo deficitario in termini di copertura rispetto agli altri, ma presentava l'indubbio vantaggio di essere più bilanciato e manovrabile in combattimento e, date le sue dimensioni (2-3 piedi di diametro), risultava più leggero e poco ingombrante durante la marcia potendo essere portato facilmente su di una spalla[14]. Sotto il profilo tattico, le ridotte dimensioni dello strumento costituivano però il suo punto debole tant'è che dinnanzi ad uno

cuoio (o pelle) era adoperato, in forza di una maggiore flessibilità e resistenza, come efficace protezione durante gli scontri, mentre quelli in metallo sono da ritenersi, almeno per il momento, preziosi oggetti da parata: J.Coles, "European Bronze Age Shields" in *Proceedings Prehistoric Society* 28 (1962), 156-90; id. *Archeologia Sperimentale* (Milano 1981), 141-145. Al riguardo, W.Ridgeway per l'epoca romana (truppe ausiliarie armate con strumenti non dissimili da quelli del Tardo Bronzo) ritiene che il clima particolarmente umido nord-europeo avrebbe potuto causare la putrefazione del cuoio e perciò determinare la sovente inutilizzabilità dello strumento (*The Early Age of Greece*, Cambridge 1901, 468-69), mentre per Coles (*Archeologia Sperimentale*, op.cit.142-43) degli scudi realizzati con anima in legno, rivestiti con strati di pelle o cuoio fissati in superficie con strisce o borchie metalliche, avrebbero opposto adeguata resistenza all'impatto dei colpi e limitato notevolmente l'azione disgregante dell'umidità e della pioggia. Nel nostro caso, il regime climatico presente nel Bacino del Mediterraneo non deve aver pesato particolarmente sulla resa degli scudi in cuoio.

[13] - Sulla diffusione in Nord Europa di scudi di bronzo o di legno e cuoio, di spade da taglio e da punta e di fortificazioni: Harding, *Myceneans and Europe*, op.cit.177.

[14] - Borchardt, *Schildformen*, op.cit.28.

schieramento di arcieri ben posizionato, il mercenario era inevitabilmente destinato a soccombere[15].

Non va tuttavia sottovalutata la caratteristica "mobilità" di questi guerrieri che, a differenza dei fanti pesanti ed inquadrati, poteva sfruttarne al meglio le potenzialità; ciò nella constatazione che gli arcieri e i giavellottisti erano in grado di colpire efficacemente bersagli fermi o dotati di poca mobilità e che tale efficacia si riduceva drasticamente contro bersagli in rapida avanzata e con frequenti cambi direzionali.

L'armatura, il gonnellino e l'elmo

Dalla documentazione iconografica in nostro possesso è ipotizzabile che gli Shardana di Ramesse II sembrano avvalersi di una tunica in lino ricoperta da strisce orizzontali di cuoio con borchie metalliche che trova alcune interessanti similitudini con quelle già presenti nel Vicino Oriente[16]. Infatti, prima della comparsa degli Shardana nel Bacino del Mediterraneo, la messa a punto e la produzione delle protezioni di guerra sembra già aver raggiunto un elevato livello tecnologico in concomitanza con l'uso del carro e con il perfezionamento delle tecniche di combattimento. La più famosa nel Vicino Oriente è la *sariam*, tunica in pelle rigida spesso ricoperta anche da scaglie metalliche, sviluppatasi in ambiente mitannico intorno al XVI-XV sec.a.C. assieme al carro da battaglia e concepita per proteggere il carrista da improvvise cadute ma soprattutto dai letali colpi di pugnale o di daga inferti dai fanti avversari durante i combattimenti. Simili accorgimenti sono presenti anche in Egitto e in Egeo; in quest'ultimo caso, alcuni testi in lineare B attestano l'uso fino alla fine del XIII sec.a.C. dell'armatura realizzata in cuoio ricoperta di scaglie metalliche da parte dei carristi egei[17].

---

[15] - L'arco era, in definitiva, l'unico mezzo tattico, dotato di buona precisione e potenza, in grado di colpire efficacemente bersagli a distanze elevate; ciò significa che, nell'ambito degli scontri di tipo campale e/o navale e durante gli assedi, quest'arma era la più idonea ad eludere le avanzate dei carri o di quelle formazioni di guerrieri come i Popoli del Mare che, dotati di scudi inadatti ad una copertura completa della figura, erano vulnerabili se bersagliati a distanza; a parere di chi scrive, a prescindere dalle ovvie implicazioni di natura stilistica, la tattica utilizzata dagli Egiziani per respingere l'attacco navale dei Popoli del Mare (colpire da distanza con archi e giavellotti) conferma questo stato di cose. Sotto il profilo squisitamente tecnico, è stato infatti dimostrato che anche nel caso di un colpo immobilizzante (non mortale), la lacerazione dei tessuti prodotta dalla punta della freccia provocava una notevole perdita di sangue, e di conseguenza morte certa per il guerriero, stante l'impossibilità per lui di ricevere assistenza durante le fasi dello scontro. Ciò spiega le numerose innovazioni del Tardo Bronzo legate allo sviluppo delle armi da lancio come l'arco composito al quale sono associate frecce dotate di fusto più leggero (ai fini di una minora resistenza dell'aria) e di punte opportunamente sagomate da riuscire a penetrare meglio i bersagli. Non a caso tra le numerose punte di frecce ritrovate nel Bacino del Mediterraneo ve ne sono alcune di tipo pieno, a forma lanceolata adatte a trapassare scudi e armature. Tale efficacia consisteva nel fatto che questo tipo di freccia riusciva non solo a penetrare lo scudo, ma addirittura a spaccarlo in due, poiché l'ingrossatura della punta una volta penetrato il primo strato di cuoio andava a rompere le fibre dello strato ligneo e di conseguenza la sua compattezza, a differenza di quanto avveniva con frecce aventi punte sottili ove la freccia inizialmente veniva a perdere potenza nello strato poco rigido di cuoio e successivamente veniva a conficcarsi nelle fibre lineari dello strato ligneo che consentiva allo scudo di reggere il colpo. Sull'arco composito e sulle tattiche legate all'uso dell'arma nel Nuovo Regno: Cavillier, *Il Faraone Guerriero*, op.cit.; id., *L'esercito, le armi e le fortificazioni*, op.cit. con bibliografia.

[16] - Sull'abbigliamento da guerra egizio nel Nuovo Regno: Cavillier, *Il Faraone Guerriero*, op.cit.; id., *L'esercito, le armi e le fortificazioni*, op.cit. con bibliografia; id. *Tuthmosi: immagine e strategia di un condottiero* (Torino 2003 – in corso di stampa) con bibliografia; sull'armamento ittita e mitannico: R.Beal, "I reparti e le armi dell'esercito ittita" in *La Battaglia di Qadesh: Ramesse II contro gli Ittiti per la conquista della Siria* – Catalogo della mostra Museo Archeologico di Firenze (Livorno 2002), 93-108 con bibliografia;. Sull'abbigliamento Shardana e dei Popoli del Mare: Wreszinski, Atlas, op.cit.II. tav.87; Sandars, *Sea Peoples*, op.cit. (Shardana part.fig.13).

[17] - Agli esordi dell'età del Ferro, le armature "a scaglie" saranno soppiantate da quelle realizzate interamente in Bronzo e lavorate a martello (da Enkomi e da Killithea in Achaia); al riguardo, è da tener presente che la questione è ancora fonte di

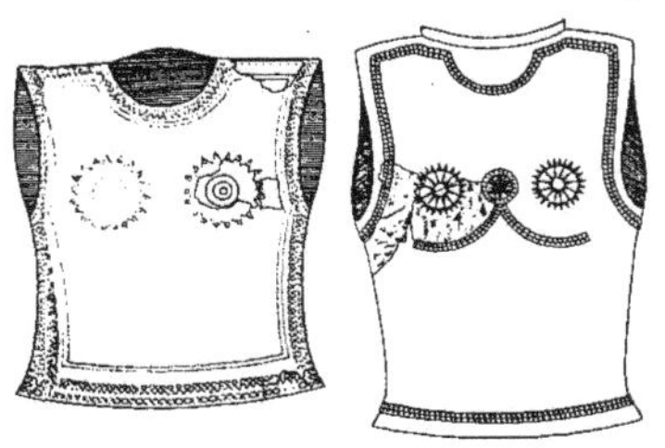

Armature di bronzo egee
(Harding, *Myceneans and Europe*, op.cit.)

Differente, invece, appare la tenuta degli "invasori" nei rilievi di Medinet Habu relativa sia alla battaglia campale che allo scontro navale.

Battaglia di Ramesse III contro i Popoli del Mare:
equipaggiamento degli "invasori"
(*Rosellini* II, CXXX)

Nel primo caso si tratta di un semplice gonnellino, mentre nel secondo caso si tratta probabilmente di una tunica in pelle a strisce tendente a coprire interamente tutto il busto del combattente soprattutto con particolare riferimento alle spalle.

La presenza di "spalline" conferma l'attitudine tattica degli invasori al combattimento a distanze ravvicinate con sganciamenti rapidi; sotto il profilo squisitamente bellico, tali "espedienti" appaiono "innovativi" nel Bacino del Mediterraneo nell'epoca di nostro interesse. Altro interessante elemento dell'abbigliamento dello Shardana è il gonnellino che non sembra di molto differente da quello egizio e asiatico e da quello delle altre etnie dei Popoli del Mare.

Battaglia navale di Ramesse III:
equipaggiamento degli "invasori"
(*Rosellini* II, CXXXIV)

Last but not the least è l'elmo a calotta provvisto di corna con una protuberanza centrale sormontata da un dischetto a forma di sole che, in ambito prettamente bellico, sembra non avere precedenti nel Bacino del Mediterraneo. L'elmo sembra dunque essere un elemento distintivo dello Shardana e sulla base di tale elemento alcuni studiosi (tra i quali la Sandars) ritengono improbabile la presenza degli Shardana tra gli avversari di Ramesse III nella "battaglia navale". È un dato che parrebbe supportato anche dall'assenza di riferimenti agli Shardana nei testi a supporto dei rilievi dello scontro laddove, però, v'è una precisa menzione dei Peleset e degli Shekelesh quali protagonisti dell'evento. Una simile constatazione deve fare i conti col fatto che tra le etnie raffigurate a Medinet Habu vinte da Ramesse III nelle sue campagne militari è presente uno Shardana con elmo cornuto provvisto di disco centrale, mentre nei rilievi della battaglia gli invasori recano solo elmi cornuti privi di altre protuberanze centrali; ciò lascia dunque supporre che la distinzione tra Shardana al servizio dell'Egitto e quelli avversari del faraone in un simile frangente narrativo possa

dibattito tra gli studiosi che ritengono le armature bronzee dei meri oggetti da parata e ritengono invece quelle a scaglie riservate agli usi della guerra. Sull'armatura micenea: N.Yalouris, "Mykenische Bronzeschutzwaffen" in MDAI 75 (1960); Harding, *Myceneans and Europe*, op.cit.151; 174 e 179; Littauer-Crouwel, *Chariots*, op.cit.127; P.Astrom, *The Cuirass Tomb and other finds at Dendra* (Gotebord 1977); Wiesner, *Kriegswesen* I, op.cit.152-53; e, 42-67

esser stata tralasciata da parte degli artisti egizi per dar maggior risalto alle gesta del faraone. Questo spiegherebbe dunque l'idea degli autori di descrivere in maniera artificiosa i nemici del sovrano con le uniche caratteristiche ad essi note.

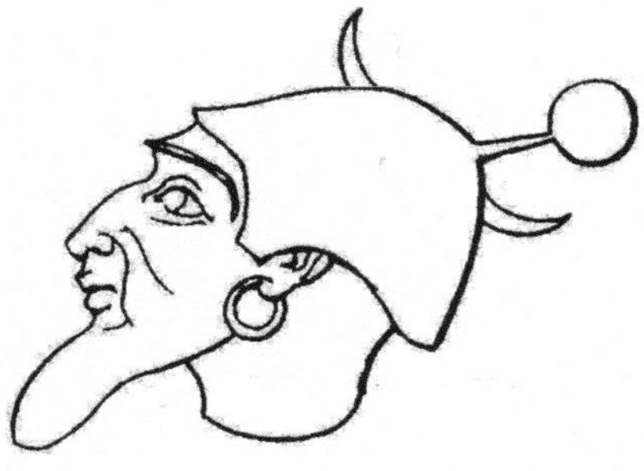

Medinet Habu: particolare dell'elmo Shardana
(*Rosellini* II, CXLIII)

Diverso è il discorso in campo religioso e votivo sul copricapo provvisto di corna, conosciuto in tutto il Vicino Oriente fin dal III millennio a.C; lo ritroviamo in Mesopotamia nelle raffigurazioni di Naram-Sin di Akkard, nelle tombe di Ur e nella glittica mesopotamica e siro-levantina[18].

Naram-Sin di Akkad
(Black - Green, *Gods*, op.cit. fig.75)

[18] - J.Black – A.Green, *Gods, Demons and Symbols of Ancient Mesopotamia* (London 1992), 95 fig.75.

Nel Levante lo ritroviamo nel XIV sec.a.C. ad Ugarit sul capo del dio Baal che, tra l'altro, reca anche il diffusissimo gonnellino asiatico, mentre a Sidone l'elmo cornuto presenta una protuberanza centrale e inneggia al disco solare.

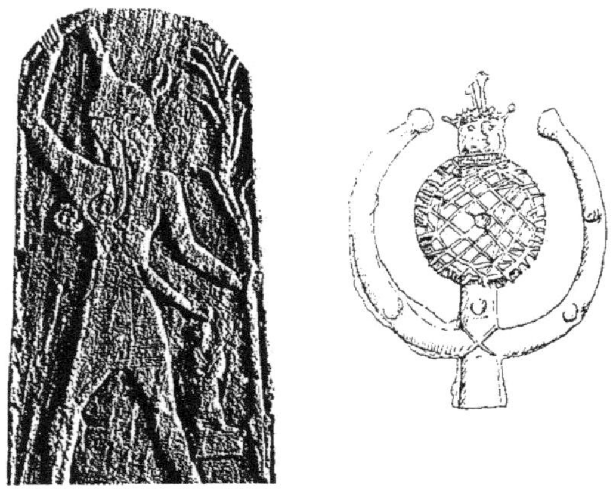

Il dio Baal ed elmo cornuto di Sidone
(Sandars, *The Sea Peoples*, op.cit.)

Analogo è il discorso in Egeo, ove numerose statuette votive in bronzo presentano stringenti caratteristiche e similitudini con i guerrieri dotati di elmo cornuto (in particolare una statuetta rinvenuta ad Enkomi in una sepoltura nei pressi di un santuario del XII sec.a.C. raffigura un guerriero dall'elmo cornuto, gonnellino e scudo tondo).

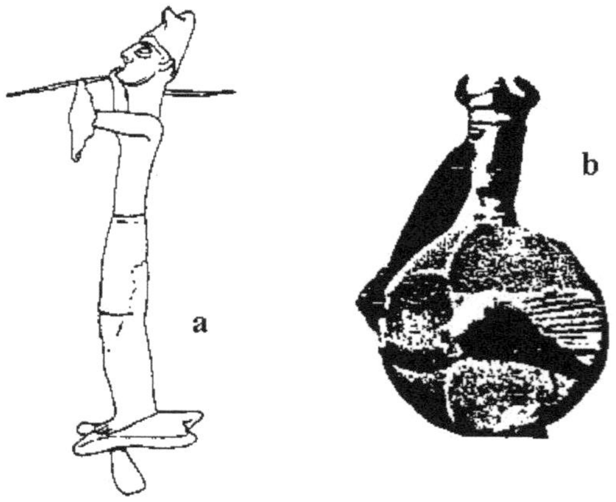

Bronzetti di guerrieri: a) - Enkomi; b) – Sardegna
(Steel, *Cyprus*, op.cit. fig.6.14; Lilliu, *La Civiltà Nuragica*, op.cit.fig.)

In ultimo, la Sardegna; il rinvenimento in diversi siti protonuragici di numerose statuette in bronzo e ferro raffiguranti guerrieri che recano scudi tondi, spade lunghe ed elmi a lunghe corna simili per foggia e lavorazione a quelle rinvenute a Cipro hanno fatto ipotizzare l'esistenza di rapporti culturali e commerciali tra le due isole attraverso la mediazione micenea e fenicia[19].

Bronzetto protonuragico
(Lilliu, *La Civiltà Nuragica*, op.cit.fig.225)

[19] - Sulla Sardegna: G.Lilliu, *La Civiltà Nuragica* (Sassari 1992); F.Barreca, La Civiltà Fenicio-punica in Sardegna (Sassari 1986); su Cipro: L.Steel, *Cyprus Before History from the Earliest Settlers to the End of Bronze Age* (London 2005).

CAPITOLO TERZO

I MEZZI DI TRASPORTO E DI ATTACCO

Sui veicoli adoperati dagli Shardana per le loro "piratesche scorribande", almeno per il momento, è difficile dire; l'unico dato a nostra disposizione si desume dai rilievi di Medinet Habu nei quali gli "invasori" sembrano avvalersi di due principali mezzi: il carro da trasporto e le imbarcazioni.

I carri

Come già accennato nel corso della trattazione, l'uso da parte dei Popoli del Mare di carri pesanti trainati da bovini quali principali veicoli di trasporto nell'ambito della battaglia contro Ramesse III ha fatto sorgere non poche perplessità sia sul tipo di evento bellico (la battaglia potrebbe infatti configurarsi come un attacco da parte egizia su genti in fase di passaggio o di trasferimento) sia sulla singolare tattica utilizzata dagli "invasori".

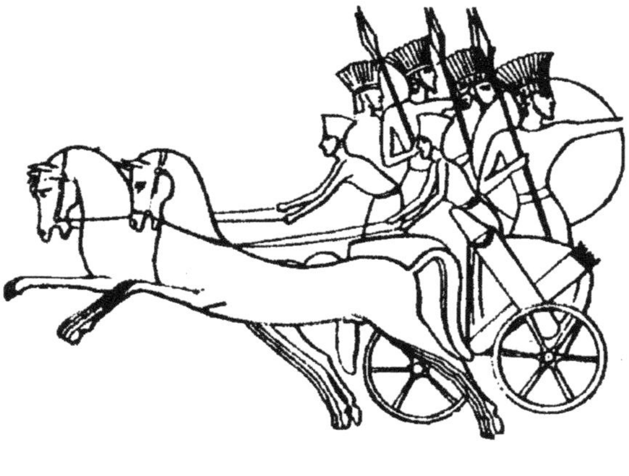

"Carro leggero" dei P.M. (*Rosellini* II, CXXX)

Su quest'ultimo punto è da osservare la singolarità del *modus tacticus* degli "invasori" soprattutto in un contesto bellico come quello vicinorientale nel quale le tattiche campali sono prevalentemente legate all'uso del carro leggero e si basano sulla mobilità dei belligeranti nelle fasi iniziali dello scontro e sulla forza d'urto delle fanterie nelle fasi successive. In tale frangente operativo, benché anche agli "invasori" è attribuito un utilizzo minimale del carro da guerra desumibile dai rilievi egizi, è facile intuire che come arma tattica il carro pesante non avrebbe potuto eguagliare quello di tipo leggero in termini di velocità e manovrabilità e perciò avrebbe potuto esser utilizzato in qualità di piattaforma mobile per il trasporto dei combattenti.

"Carro pesante" dei P.M. (*Rosellini* II, CXXX)

Nell'ambito dell'utilizzo dello Shardana tra i ranghi egizi in questo periodo, non va sottovalutata l'ipotesi che questi per le loro caratteristiche tattiche sono assimilabili ad un tipo di fante leggero all'epoca specializzato nella protezione dei carri e degli equidi: il *corridore* (*Pḥrr*).

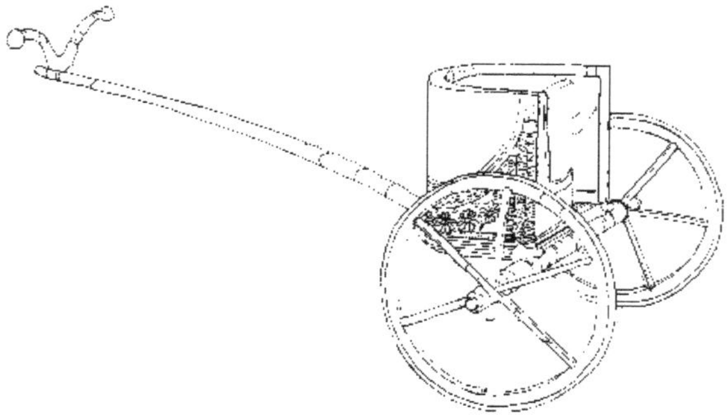

Carro egizio (Shaw, *the Art*, op.cit.40)

Si tratta di un importante elemento tattico di "raccordo" tra i due principali agenti delle battaglie del Tardo Bronzo, la carreria e la fanteria; il corridore, infatti, proteggeva i carristi sia in occasione delle *cariche su schieramenti fissi di fanteria* (poiché nel momento in cui questi penetravano tra i ranghi avversari rischiavano di essere disarcionati e attaccati da più parti) sia in caso di *carica su altre formazioni di carri* ove i corridori entravano in azione contro gli equipaggi dei veicoli sopraggiungenti.[1]

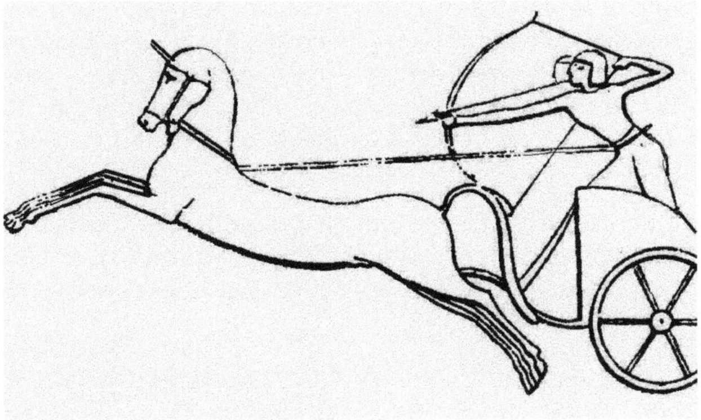

Carro da guerra egizio (*Rosellini* II, CV-CVI)

La documentazione iconografica in nostro possesso lascia dunque intuire che lo Shardana abbia ricoperto un simile ruolo all'interno dei ranghi egizi considerando soprattutto la tipologia dell'armamento probabilmente concepito per un tipo di combattimento a distanza ravvicinata e in velocità. Diverso è il discorso in termini di trasporto dei mercenari sul quale non possediamo alcun dato; se accettiamo l'attuale interpretazione che i mezzi di trasporto adoperati dai Popoli del Mare non ebbero alcuna influenza nella battaglia contro Ramesse III, la valentia militare del mezzo è di *per sé* irrilevante ai fini della nostra indagine.

Le imbarcazioni

A prescindere dalle differenti teorie su quali eventi possano considerarsi vere e proprie battaglie navali nel periodo di nostro interesse[2], grande attenzione è da porre sulla tipologia delle imbarcazioni dei Popoli del Mare, che, a conti fatti, possono contribuire a definire alcune delle tattiche utilizzate dagli Shardana per le loro scorribande agli esordi del regno di Ramesse II[3]. È inutile dire che il clima storico nel quale si intensificarono gli attacchi dei Popoli del Mare ai danni delle coste levantine ed egizie non contribuisce a far piena luce sulle caratteristiche dello Shardana *in sé*; abbiamo a che fare con una tipologia di imbarcazioni che per quanto differente da quella tradizionalmente nota nel Bacino del Mediterraneo potrebbe non costituire l'unico mezzo utilizzato da questi turbolenti pirati, cioè non sappiamo se l'invasore si avvaleva di differenti tipi di unità a seconda del tipo di navigazione da effettuare o delle esigenze legate al tipo di attacco da sferrare.

---

[1] - Sulle tattiche legate all'uso del carro: Cavillier, *Il Faraone Guerriero*, op.cit. con bibliografia; id. *L'esercito egizio*, op.cit.

[2] - E' interessante notare che in ambito bellico le navi del periodo di cui ci stiamo occupando sono state difficilmente considerate delle navi da guerra; al riguardo, O.Hockmann (*La Navigazione nel Mondo Antico* (Milano 1988), 147) ritiene che "*Meno chiara è la questione se sia possibile considerare automaticamente come navi da guerra tutte le navi lunghe a remi. Pertanto possiamo parlare di navi da guerra in senso stretto solo a partire da quando le navi a remi furono dotate di rostri e da quando si diffuse la tattica dello speronamento.*". La stessa battaglia di Ramesse III contro i Popoli del Mare, benché assimilabile ad un abbordaggio seguito da lancio di dardi, può tuttavia considerarsi in uno scontro navale poiché l'assenza di rostri o di artifici di speronamento non può escludere in tale contesto il ricorso da parte dei protagonisti di apposite manovre navali.

[3] - L'attività degli Shardana, come già evidenziato, era già nota in epoca amarniana. In alcune lettere inviate al faraone, Ribb-Addi di Biblo menziona i *Miši* (termine corrispondente a quello egizio di *mšʿ*), contingenti che probabilmente penetrarono nel territorio di Amurru per via fluviale avvalendosi di imbarcazioni atte allo scopo.

Inoltre, non è da sottovalutare il grado di specializzazione cantieristica raggiunto dai regni coinvolti nella vicenda; basti pensare che le unità egizie impiegate da Ramesse III nella battaglia navale sembrano notevolmente differenziarsi sia da quelle cabotiere della XVIII dinastia sia dalle unità utilizzate dagli altri regni del Bacino del Mediterraneo.

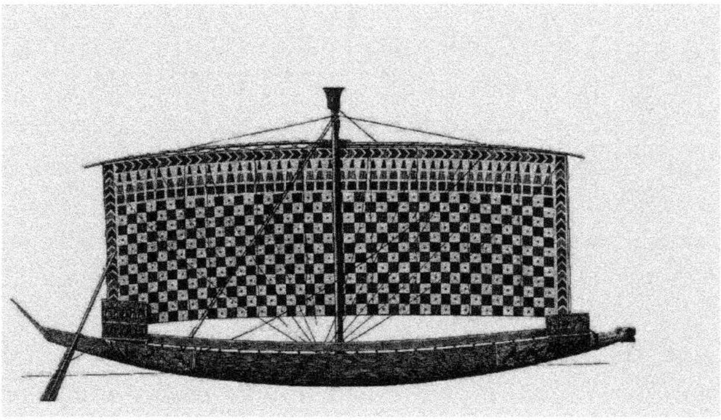

Ricostruzione di una nave da guerra di Ramesse III (Jones, *Boats*, op.cit.48)

Con l'ausilio di nuova documentazione, potremmo anche in futuro arrenderci all'idea che le navi dei Popoli del Mare non erano altro che navi cipriote, micenee o levantine catturate dai pirati nel corso delle loro razzie ![4]. Ad ogni modo, sotto il profilo strutturale, le navi degli "invasori" sembrano rientrare tra le imbarcazioni propriamente dette[5], benché i rilievi egiziani non consentono di ricavare una grande quantità di dati tecnici[6]. Ciò nonostante, le unità in questione risultano progettate in modo da resistere alle molteplici sollecitazioni marine con particolare riguardo *all'accuratezza della forma* dalla quale, si sa, dipendono la *velocità* e le *qualità nautiche* del mezzo[7].

Nave dei Popoli del Mare (*Rosellini* II, CXXXI)

[4] - Ciò si desume dal fatto che in questo particolare periodo è evidente uno sviluppo notevole della cantieristica navale levantina ed egea e dell'architettura militare per contrastare gli attacchi dei pirati, già da molto tempo motivo di grande apprensione per i regni vicinorientali; infatti, il regno di Pilo predispose circa 800 punti di avvistamento sulla costa per fronteggiare gli attacchi provenienti dal mare (M.Ventris - J.Chadwick, *Documents in Mycenenan Greek*, (Cambridge 1959) n.519, 654, 655, 657 e 661; J.Chadwick, *The Mycenenan World* (London 1976), 175-79), così come altri regni micenei. Lo stesso dicasi per la costa Levantina e in particolare per Ugarit: nei testi detti "degli ultimi giorni" (UT.2062, RS.20.328, RS.20.162 e RS L.1-p.CXIV) e, in particolare nei testi UT2062 e RS.20.18, sono menzionate, rispettivamente, 150 e 20 navi, probabilmente nemiche all'atto di invadere la costa. Per quanto riguarda la UT.2062 è altresì possibile che le 150 fossero ugaritiche o al servizio di Ugarit per contrastare il pericolo. In tale frangente, il solo dato testuale non chiarisce né la tipologia delle imbarcazioni dei Popoli del Mare né l'eventuale loro origine e ciò spiega il perché la Sandars definisce gli "invasori" gli *Avventurieri del Nord* data la vaga rispondenza delle loro imbarcazioni con quelle in uso in Egeo e in Asia Minore: Sandars, *The Sea Peoples*, op.cit.92-94 fig.54b e d.

[5] - Le caratteristiche strutturali di queste unità così ben evidenziate nei rilievi egizi ci permettono, pur con qualche approssimazione, di poter applicare i principi di nautica.

[6] - Sulle navi dei Popoli del Mare: S.Wachsmann, "The Ship of the Sea Peoples" in IJNA 10 (1981), 187-220 e per una ampia trattazione sulla navigazione in generale: Landström, *Ships of the Pharaohs* (Goteborg 1970); L.Casson, *Ship and Seamanship in the Ancient World* (Princeton 1971); E.Linder, "Naval Warfare in the El-Amarna Age" in D.Blackman, *Marine Archaeology* (London 1973), 319-22; V.Foley – W.Soedel, "Antiche navi da guerra a remi" in *Le Scienze: l'Antico Mediterraneo* (Milano 1983), 160-174.; R.Partridge, *Transport in Ancient Egypt* (Rubicon 1996); S.Vinson, *Egyptian Ships and Boats* (Oxford 1994); A.M.Tooley, *Egyptian Models and Scenes* (Oxford 1995); D.Jones, *Boats* – British Museum Press (London 1995).

[7] - Pur non entrando nel merito delle regole di progettazione navale è opportuno chiarire che le due principali filosofie di progettazione-costruzione degli scafi sono la stabilità delle dimensioni e la stabilità della forma.

Sull'accuratezza della forma dello scafo, i rilievi di Medinet Habu sono molto chiari anche se, in termini proporzionali, il rapporto uomo-nave e uomo-armamento appaiono troppo elevati; gli scafi in questione hanno una forma decisamente meno arcuata di quegli egiziani e sono provviste di murate, di una coperta (con uno o più ponti) e di una chiglia[8].

Sulla presenza di più ponti delle navi in questione, Casson[9] ritiene queste unità dotate di un solo ponte ai fini strutturali, mentre Wachsmann[10] propende per unità dotate di più ponti per il fatto che le imbarcazioni seguono tre direttrici orizzontali di progettazione (A, B e C), con almeno due livelli di pontatura (vedi figura sotto) e tre in un altro caso (la nave raffigurata accanto differisce dalle altre poiché ha una direttrice orizzontale X in più).

Nave dei Popoli del Mare con le tre linee di pontatura e scafo A-B-C (*Rosellini* II, CXXXI)

Quest'ultima ipotesi si basa su due osservazioni: i Popoli del Mare stanti a centro-nave sono spesso coperti in vita dalla direttrice A, mentre quelli colpiti dal faraone sono al di sopra di detta linea attraverso le linee B e C; perciò, sempre secondo la studiosa, le direttrici A, B e C sono il profilo della murata vista di fronte e non quella compresa tra le due murate; inoltre, la direttrice B sembra essere la linea di coperta su cui stanno i guerrieri mentre in un'altra scena un guerriero (a) è rappresentato seduto sullo scafo ma non dentro le murate cosicché il suo piede sinistro risulta posizionato sulla stessa coperta mentre il guerriero accanto (b) è posizionato sopra la linea A. Per quanto riguarda, invece, l'unità che presenta una direttrice in più (nave n.3), la convinzione della studiosa si basa sul fatto che il guerriero (c) è posizionato sulla direttrice C della chiglia e sembra in parte coperto da questa mentre il suo piede destro riappare nell'area XB similmente a quanto accade al guerriero (a), a sua volta coperto dall'area AX ma che emerge nell'area XB al di sopra della linea A; tutto ciò, secondo la Sandars indicherebbe che l'area XB risultava, di fatto, "aperta" e che di conseguenza la stessa corresse al centro a netta distanza dalle murate così come attestato in tutte le navi cabotiere egizie e levantine.

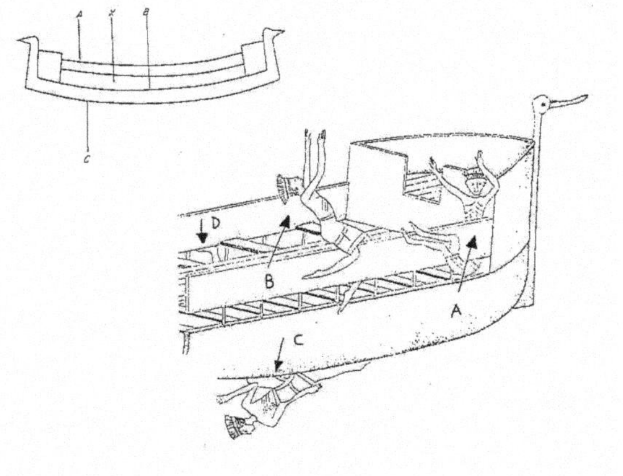

Nave dei Popoli del Mare con le quattro linee di pontatura e scafo A-B-C-X (Wachsman, *The Ship*, op.cit.)

Sotto il profilo dell'analisi comparativa, disponiamo di varie raffigurazioni provenienti da numerosi siti del bacino del Mediterraneo: Hama[11], Asine[12], Skyros[13], Pylakopy[14] e Haifa[15]. Uno degli elementi

[8] - La presenza della chiglia è ipotizzabile ma non documentata: Casson, *Ship and Seamanship*, op.cit.37.

[9] - Casson, *Ship and Seamanship*, op.cit.51, fig.58.

[10] - Wachsmann, *The Ship of the Sea Peoples*, op.cit.

[11] - Un'urna funeraria databile al 1200-1075 a.C. mostra un'imbarcazione che presenta interessanti caratteristiche strutturali simili alle navi in questione, con murate ad intermittenza e scafo armato: P.J.Riis, *Hama: les cimitières a Crémations* (Copenhagen 1968).

[12] - A. Gottlicher, *Materialen fur ein Corpus der Schiffsmodele im Altertum* (Mainz am Rhein 1978),. tav.25:332;

[13] - Morrison – Williams, *Greek oared Ships: 900-322 B.C.* (Cambridge 1968), 8.

desumibili dall'accostamento dei rilievi egizi con le figure di unità testé elencate è la presenza sullo scafo di spesse linee orizzontali, secondo Hale dei precisi riferimenti alle costole delle imbarcazioni o, ipotesi ugualmente plausibile, di strutture trasversali ove prendevano posto i rematori[16].

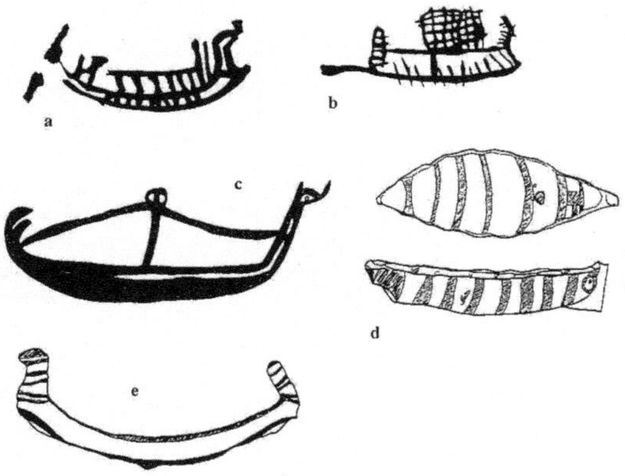

Modelli e figure di imbarcazioni: a) – Hama; b) – Asine; c) – Skyros; d) – Pylakopy; e) – Haifa. (Hockmann, *La navigazione*, op.cit.)

La prua e la poppa risultano d'eguale forma e presentano due castelli che partono dalle due murate per addossarsi interamente al capodibanda e ciò indica che da una struttura simile perfettamente orizzontale (ottenuto con fasciame di spessore variabile tra poppa e prua) era possibile aggiungere i castelli in un secondo momento[17].

Ne deriva che l'aplustre e l'acrostolio (in questo caso a forma a testa d'uccello[18]) dovevano risultare molto elevati in altezza e piuttosto ampi di base in modo da poter contribuire a un miglior orientamento dell'unità allorquando questa veniva investita da forti raffiche di vento[19]. Nulla quindi ci è dato di sapere sulla tecnica di assemblaggio del fasciame, che dai dati in nostro possesso sembrerebbe realizzato con la tecnica *a scheletro*[20].

[14]- S.Marinatos, "La marine creto-mycenienne" in Bullettin de Corrispondence Hellenique 57, 170-235, Pl.XV:26

[15] - R.Stieglitz, "An Ancient Terra-cotta Ship from Ciprus" in *Sefanium* 4, 44-6 - fig.1

[16] - J.R.Hale, "Plank Built in the Bronze Age" in *Antiquity* 54 (1980), 118-27; Wachsmann, *The Ship of the Sea Peoples*, op.cit.209

[17] - Hockmann, *La navigazione*, op.cit.183.

[18] - Piuttosto dibattuta è la questione sulla forma a testa d'uccello dell'acrostolio-aplustre delle navi dei Popoli del Mare, infatti, H.Henken ("Tarquinia, Villanovians and Early Etruscans" in *Buletin of American School of Prehistoric* RES 23, 1968, 568-70 e 625-8) ha ipotizzato delle connessioni con le culture europee dei "campi di urne" e con le culture dei "pendenti in bronzo" di alcune regioni fluviali della Romania settentrionale (Gottlicher, *Materialen*, op.cit taf.33:439) le quali incisioni sono presenti delle imbarcazioni con l'insegna di uccello sulla poppa e sulla prua; anche Wachsmann (*The Ship of the Sea Peoples*, op.cit.211) ipotizza la presenza di una apposita simbologia animale per l'acrostolio-aplustre delle unità dei pirati.

[19] - Secondo Woley e Soedel (*Antiche navi*, op.cit.163-64) la forma arrotondata della poppa (per le navi egizie di tratta di forme lotizzanti) serviva per ridurre le formazioni di vortici e scie (a cui si affiancava anche l'azione stabilizzante del timone) al fine di mantenere a valori minimi l'opera viva. Inoltre l'elevata altezza di questa struttura serviva non solo a proteggere lo scafo dalle ondate di poppa ma a diminuire il rollio particolarmente accentuato per le imbarcazioni poco zavorrate cioè quelle da guerra.

[20] - Si tratta del metodo di costruzione delle imbarcazioni in legno più in voga all'epoca e di tale efficacia che continua ad essere usato fino ai giorni nostri. Va da sé che un simile metodo presuppone sia la presenza della chiglia (mentre si può anche soprassedere sul paramezzale) per la navigazione d'altura, sia la messa in opera di un'apposita progettazione da cantiere dacché architettura esige che le ordinate e le linee d'acqua dello scafo siano già note in fase di progettazione. Altra possibilità è l'uso del metodo a *guscio* (P.A.Gianfrotta - P.Pomey, *Archeologia Subacquea, Storia, tecniche, scoperte e relitti*, Milano 1981, 260-68; Hockmann, *La Navigazione*, op.cit.78-84) consistente nel collegare tra loro i corsi di fasciame a alla chiglia e inserendo successivamente gli elementi dello scheletro di rinforzo; è un metodo utile in assenza di un piano di costruzione dal momento che la forma dell'unità nasce durante il graduale montaggio del fasciame, sicché la forma dello scafo è modificabile man mano che lo si realizza. Le tavole del fasciame erano collegate tra loro nella maggior parte dei casi mediante il metodo *a cucitura*; si tratta il metodo più usato nel Bacino del Mediterraneo fino al IX sec.a.C. e consisteva nel "legare" le tavole di fasciame mediante sagole che venivano fatte passare in fori applicati alle stesse tavole; tale legatura costituiva in realtà soltanto un'imbastitura iniziale delle giunture poiché su di esse veniva successivamente applicata un'anguilla di copertura. Il sistema trova conferma nel

Sezione dello scafo del battello di Cheope (Jones, *Boats*, op.cit.77)

Altro elemento degno di nota è l'uso di un timone a doppio remo particolarmente indicato per la navigazione cabotiera poiché tende a stabilizzare meglio l'unità eludendo la formazione di vortici nella zona poppiera in caso di manovra in presenza di abbrivio[22]. Sugli elementi di propulsione, le navi in questione dispongono di una velatura formata innanzitutto dall'albero[23], pennone e manovre fisse e correnti.

L'albero probabilmente andava ad innestarsi direttamente sulla chiglia o sul paramezzale attraverso una mastra (apertura ricavata sul ponte) ed era mantenuto in posizione verticale da cavi (sartie).

Tuttavia, è da segnalare la presenza di piccoli "speroni" al di sotto della linea di galleggiamento della prua e poppa e ciò, a prescindere dalla funzionalità di tali accorgimenti, può indicare, anche se indirettamente, la presenza di una chiglia sul quale questi andavano ad innestarsi[21].

---

relitto di Capo Gelidonya del XII sec.a.C. ma è convizione degli studiosi che all'epoca fosse in voga un sistema di incastri ricavati probabilmente nel bordo laterale delle tavole, precursore della tecnica detta "a clip" usata dai Celti in Nord Europa e di quella "a mortasa e tenone" d'età antica (Casson, *Ancient Shipbuilding*, op.cit.28; "New Light on ancient rigging and shipbuilding" in *American Neptune* 24,1964, p.81). In accordo con le raffigurazioni a nostra disposizione, gli scafi dei Popoli del Mare sembrano dotati di ponte principale (forse sostenuto da bagli che correvano da murata a murata) sul quale è ricavata un'apposita *mastra* per l'inferitura dell'albero. In questo caso il castello centrale si presentava come un grande corridoio protetto in cui potevano agilmente avvicendarsi nell'attacco le truppe, nettamente separato dai corridoi riservati ai rematori ed eventuali avversari catturati. Risulta evidente che in ambito bellico sia da parte egiziana che dei Popoli del Mare esisteva la necessità, dopo aver effettuato l'inseguimento e il raggiungimento dell'unità a remi, di smontare e coricare l'albero lungo lo scafo che sarebbe stato d'intralcio al regolare movimento delle truppe sulla coperta. Tale espediente è documentato su di una figura vascolare estrusca (Hockmann, op.cit.150 - fig.72) che mostra una *Hemolìa* (nave pirata) in atto di adottare una simile tattica.

21 - Non si può pensare a dei veri e propri rostri di epoca antica, ma con tutta probabilità si tratta di "piedi" prodieri di stabilità in grado di assicurare allo scafo maggiore planaggio nei bassi fondali; è un'ipotesi che appare in netta sintonia con l'abitudine piratesca di approdare sulla costa e razziare i villaggi e le città con assalti brevi ma efficaci e che doveva necessariamente tener conto dei problemi di planaggio delle unità sui bassi fondali; questa 'idea trova una possibile conferma in un modello di imbarcazione in terracotta proveniente da Biblo che presenta due protuberanze al livello della chiglia e che data la larghezza e rotondità dello scafo si esclude possano esser stati dei promordiali rostri. Tuttavia, ciò non vuol dire che si esclude *a priori* che tali accorgimenti fossero in realtà degli speroni acuminati utilizzati dai pirati per colpire lo scafo avversario al di sotto della linea di galleggiamento o per immobilizzarlo in vista dell'abbordaggio.

22 - Sulla timoneria nel mondo antico: J.S.Morrison - R.T.Williams, *Greek oared ships: 900-322 B.C.* (Cambridge 1968), 53-55; pls.3c,4c,7c e Casson, *Ship and Seamanship*, op.cit.46; Woley – Soedel, *Antiche navi*, op.cit.162-65.

23 - Consisteva probabilmente in un unico tronco di legno conoidale, scevro di nodi e a fibre regolari nel senso dell'asse, tale da soddisfare alle condizioni di leggerezza, elasticità e resistenza. Nel Levante e in tutto il Vicino Oriente era solitamente impiegato il cedro del Libano, legno flessibile e indicato in ambito navale poiché non necessitava (diversamente da altri legnami quali il pino e il larice) di frequenti trattamenti alle fibre legnose e di conservazione in melma di fango per evitare l'essiccazione della resina.

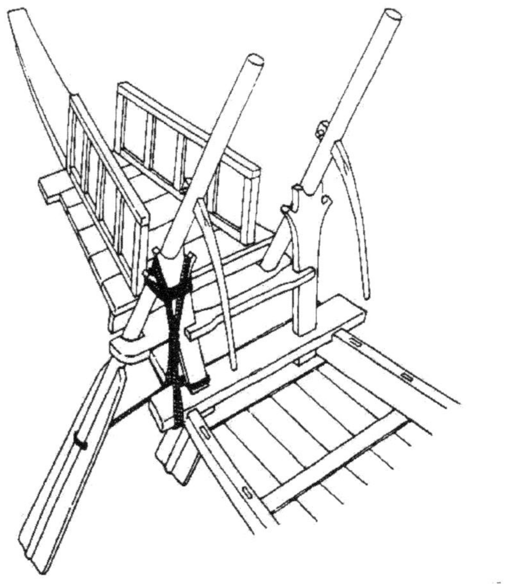

Ricostruzione del timone egizio
(Jones, *Boats*, op.cit.55)

Sul punto più elevato dell'albero era posizionata una coffa (che presenta stringenti similitudini con le imbarcazioni levantine ed egizie)[24] al di sotto della quale si articolava il complesso sistema di ripartizione dei cavi (stralli, paterazzi e sartiame) forse similare per tipologia e struttura a quelli utilizzati nelle unità cabotiere vicinorientali[25].

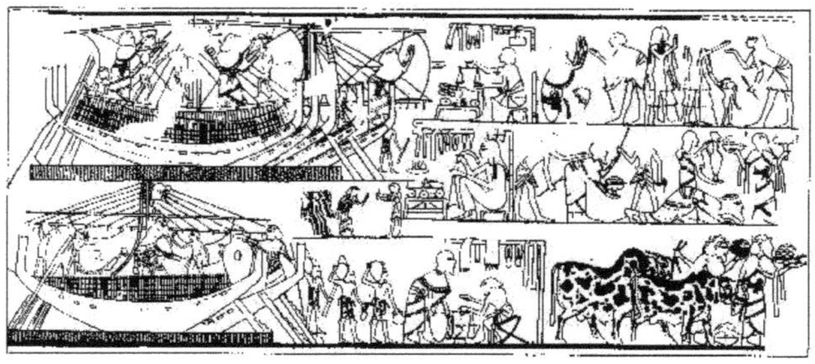

Tomba di Kenamun: navi levantine in Egitto
(Jones, *Boats*, op.cit.)

Altro elemento della velatura degno di rilievo è il pennone; le unità dei Popoli del Mare sembrano avvalersi di un pennone volante, che poteva essere issato o ammainato con le drizze e regolato in navigazione a vela con i bracci; in questo caso un elemento che trova rispondenza con la tipologia dei

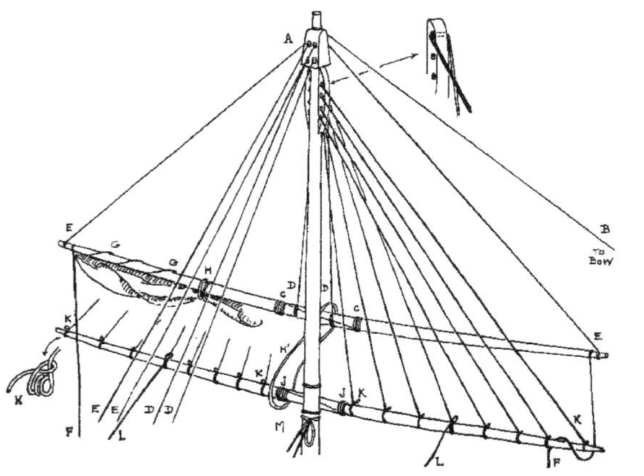

Ricostruzione del sistema di ripartizione delle manovre del pennone di unità egizia
(Jones, *Boats*, op.cit.51)

---

24 - In un rilievo della tomba tebana di Kenamun (regno di Amenhotep III) è rappresentata una coffa trapezoidale sulla quale il gabbiere è intento a manovrare dei cavi; la stessa tipologia è visibile nelle imbarcazioni egizie che prendono parte alla battaglia navale. Sulla coffa vedi Landström, *The Ships of the Pharaoh*, op.cit.; R.Dries – R.O.Faulkner, "Asyrian Trading Venture to Egypt" in JEA 33 (1947), Pl.VIII

25 - Secondo Casson (*Ship and Seamanship*, op.cit.35 fig.n.15; 37-38) il sistema di ripartizione della manovre ha origine siriana e trova delle evidenti rispondenze con le scene della tomba di Nebamun, con l'iconografia di uno scarabeo egzio proveniente da Ugarit (F.A.Shaeffer, *Feuilles et découvertes de XVIII et XIX campaigne*, 1962, 134 fig.114; id. *Ugaritica* IV, 1:150) e da un graffito su vaso proveniente dal livello V di Tell Abu Hawan (R.W.Hamilton, *Excavation at Tell Abu Hawan* - The Quaterly of the Department of Antiquity in Palestina 4, 1-69 - pls.I-XXXIX). Al riguardo, R.D.Barnett ("Early Shipping in the Near East" in *Antiquity* 32, 220-30, part.226) conferma la visione di Casson poiché pur ammettendo che gli artisti egizi avessero, di fatto, "egittizzato" le imbarcazioni dei Popoli del Mare, alcuni elementi essenziali dell'armamento di tali unità (come lo scafo, l'albero e l'altezza della prua e della poppa) risultano simili a quelle egeo-levantine. Data la scarsità dei dati in nostro possesso, non è da escludere che l'artista egizio abbia tentato di diversificare le unità nemiche da quelle egizie riproducendo elementi navali levantini; ciò, però, non spiega la singolare forma zoomorfa della prua e della poppa delle navi dei Popoli del Mare che rimette in discussione sia la veridicità dell'evento sia la precisione dell'artista: Casson, *Ship and Seamanship*, op.cit. 36 - fig.36.

pennoni utilizzati nel Bacino del Mediterraneo è la *mancanza delle varee* in quanto l'attacco degli amantigli sembra effettuato in prossimità della rastremazione dell'albero[26].

Anche i Popoli del Mare sembrano avvalersi di una vela quadra[27] benché dalla rappresentazione appare piuttosto difficile stabilirne le caratteristiche nautiche; possiamo solo ipotizzare che con quella tipologia di vela l'unità poteva navigare con *vento al giardinetto* e, non potendo risalire il vento, occorreva tentare di non scadere sottovento in caso di venti contrari. Si capisce come per i soventi spostamenti e le attività piratesche, i navigatori dovessero disporre di una tela particolarmente resistente in grado di garantire il massimo rendimento in navigazione[28]. Dalle raffigurazioni in questione sembra che la vela fosse fissata al pennone mediante robusti *matafioni*[29] benché ciò non dice nulla sulla natura della *caduta* (che con tutta probabilità doveva essere provvista di apposite *brancarelle di terzarolo* e della *patta di bolina* in modo che la vela acquistasse in caso di vento favorevole la massima curvatura)[30] e sulla manovra corrente che, a giudicare dal tipo di vela, doveva necessariamente contare su delle scotte (utili a distendere la tela facendo forza sulle bugne e sul cazzame) che poggiavano direttamente sulla coperta.

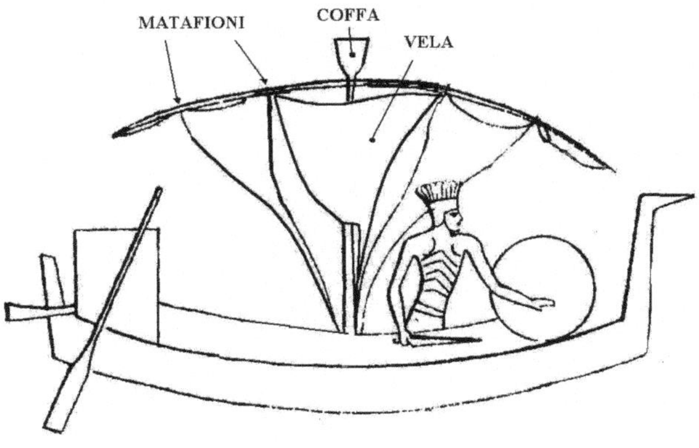

La velatura delle navi dei Popoli del Mare (*Rosellini* II, CXXXI)

Se alcune informazioni sulla velatura delle unità dei pirati risultano *grosso modo* desumibili dalle raffigurazioni, nulla è ipotizzabile sulla rematura, dacché la battaglia navale vede i guerrieri impegnati nello scontro; è evidente però che le caratteristiche della velatura delle unità pirate tradisce l'uso del remo, stante la vistosa difficoltà di poter navigare

[26] - Ciò è evidente in una delle scene della tomba di Kenamun e sul graffito del vaso di Tell Abu Hawan.

[27] - Si tratta di una superficie rettangolare di tela che fungeva da ostacolo al libero scorrere del vento; il fenomeno fisico si produce poiché la velocità del vento sulla vela si traduce in pressione che moltiplicata per la sua superficie produce una forza propulsiva direttamente proporzionale alla stessa velocità generante. Da qui, l'idea di una superficie ampia e in netta proporzione al dislocamento dell'unità.

[28] - Questa superficie, probabilmente in lino o d'altro tessuto simile, per resistere alle lacerazioni provocate dall'azione del vento, doveva essere ricavata dal collegamento di ferzi di opportuna larghezza al fine di consentire una rapida sostituzione delle parti danneggiate durante la navigazione evitando così la perdita dell'intero trevo e l'inutilità dell'intera vela. È ipotizzabile che l'unione dei ferzi doveva essere fatta conseguentemente almeno con due linee di cucitura, l'una all'orlo e l'altra di poco all'interno in modo da assicurarne una buona resistenza al vento, per evitare l'allungamento dei ferzi di 3 o 4 per cento nella lunghezza nel limite della resistenza permanente e per consentire al vivagno di risultare proporzionato alla larghezza del ferzo. L'accuratezza della cucitura della vela è attestata all'epoca nel Bacino del Mediterraneo ed era senz'altro motivata dal prevenire i laceramenti dovuti alla rottura dei fili di trama che si potevano produrre nel senso longitudinale, dato che nelle sbattute di vento lo sforzo della vela risulta sempre maggiore nel senso laterale poichè la tela rimane poggiata nel senso dell'ordito contro l'abero e contro il sartiame e di conseguenza i fili di trama vengono a sopportare tutti gli sforzi dovuti all'inerzia della vela che tende a lecerarsi lungo la linea verticale su cui è trattenuta.

[29] - Non sappiamo però se alla vela era collegata una brancarella d'inferitura consistente in un occhio formato da un legnolo incordato sul gratile, al pari di quanto avveniva per le imbarcazioni levantine ed egizie.

[30] - In presenza dell'unico vento favorevole, credo, che si desse maggior curvatura alla caduta per ottenere maggior guadagno in velocità. Si tratta di una riflessione personale motivata dal fatto che non è plausibile l'idea (in mancanza di dati) che la vela quadra potesse essere con opportuni accorgimenti (riduzione su di un lato della caduta) trasformata in vela aurica e latina con il conseguente vantaggio di poter sfruttare anche i venti di traverso e poter veleggiare con vento di traverso e di bolina larga.

con venti poppieri, problema, questo, evidentemente risolto anche dalle unità egizie come desumibile dalle scene della battaglia.

Altra annosa questione riguarda la lunghezza degli scafi; i testi didascalici alle scene di Medinet Habu ovviamente non ne tengono conto e, come già detto, la proporzione uomo-nave non ci aiuta di certo; un dato importante ci proviene però da uno dei testi di Ugarit nel quale vengono menzionati 210-350 rematori per le navi adoperate degli invasori[31]. Tale consistenza lascia ipotizzare che gli scafi in questione, ai fini di una adeguata manovrabilità e stabilità, fossero lunghi tra gli 70 e i 90 cubiti[32].

La nave di Gazi
(Wachsmann, *The Ships*, op.cit.213-14)

Alla luce di quanto sopra possiamo ipotizzare che per effettuare efficace attività piratesca (abbordaggi alle navi da carico e attacchi a sganciamento rapido sulla costa) era necessario disporre di navi veloci, dotate quindi di uno scafo più affusolato di quello standard, di murate basse per un facile arrembaggio, di un minor peso, di una velatura ampia e di un'adeguata forza propulsiva rematrice; l'equipaggio doveva necessariamente essere formato di combattenti in grado di assolvere ai normali compiti di marineria. In questo modo, è ipotizzabile che la tattica utilizzata dai Popoli del Mare in prossimità della costa o dell'obbiettivo dell'attacco prevedesse il disalberamento della propria unità[33] e la successiva propulsione a remi, onde evitare che, durante la manovra di avvicinamento, i venti contrari ne rallentassero il moto e di conseguenza vanificassero sia l'efficacia dell'azione sia il fattore sorpresa.

---

[31] - RS.20238. A questo testo possiamo affiancare un testo in Lineare B da Pilo in cui si menziona un contingente di 30 rematori da utilizzare per una spedizione militare a Pleuron (Ventris – Chadwick, *Documents in Mycenenan Greek*, op.cit.183-86, testo n.53=An.12); nel testo si fa riferimento a 25 *finestre* probabilmente aperture sulle murate per i rematori, il che fa propendere per una pentacontera (Morrison – Williams, op.cit.8 vedi An 610; Ventris – Chadwick, *Documents in Mycenenan Greek*, op.cit.186-7 e Chadwick, *The Mycenean World*, op.cit.), mentre in una figura di imbarcazione su vaso da Gazi vi sono 28 "finestre". Effettuando un calcolo approssimativo per armare 20 triacontere compreso i rematori si ottiene un equipaggio compreso tra i 600 e 700 uomini (Wachsmann, *The Ships*, op.cit.213-14) che conferma la stima ugaritica delle navi nemiche.

[32] - Questo tipo di imbarcazioni (forse concepite per navigazione d'altura) sfruttava probabilmente uno scafo lungo dotato di una chiglia più ampia e maggiormente pronunciata verso le estremità ai fini di una maggiore stabilità dello scafo e di un minor impatto dell'opera viva in presenza di bassi fondali a tutto vantaggio della stabilità e di una discreta velocità di manovra; a ciò si aggiunga la presenza di una prua e di una poppa molto elevate e simmetriche (con aplustre a forma pseudo-triangolare verso l'esterno) che oltre a contribuire alla stabilità complessiva del mezzo, favoriva l'orientamento dell'unità in regime di vento per eludere dannose sbandate in caso di condizioni meteo avverse agevolando così lo sforzo del timone. Si tratta di una concezione nettamente diversa da quella che soggiace alla navigazione egizia, più versata per i regimi fluviali e costieri, e perciò meno vincolata all'uso di scafi di grande dislocamento e dotati di un'opera viva consistente; nella pratica bellica, la cantieristica navale egizia prevedeva l'uso di unità dotate di uno scafo sottile con chiglia più esile del normale e di una prua e di una poppa ancor meno elevate di quelle mercantili ai fini di una maggiore *velocità* e *manovrabilità* dei mezzi in occasione degli scontri e delle soventi azioni di pattugliamento delle coste egizie.

[33] - Alcune raffigurazioni di imbarcazioni dell'Antico Regno testimoniano tale espediente consistente nel sollevare l'albero e coricarlo lungo lo scafo poiché armato sarebbe stato d'intralcio al regolare movimento delle truppe sulla coperta. In età antica un simile espediente risulta in relazione con l'attività piratesca come documentato dalla figura di una *Hemolìa* (nave pirata) su di un vaso etrusco: Hockmann, *La Navigazione*, op.cit.150 - fig.72.

CAPITOLO QUARTO

FORTIFICAZIONI ED INSEDIAMENTI

Gli Shardana in Egitto

La presenza degli Shardana nella Valle del Nilo in epoca ramesside è un dato ormai acquisito, anche se nessun sito a loro attribuito dalle fonti è stato sinora scoperto. Eppure, a voler essere coerenti, la maggior parte delle informazioni utili alla nostra indagine sono piuttosto chiari; se tralasciamo le vaghe informazioni afferenti ai resoconti bellici di Ramesse II, Merenptah e Ramesse III forse più utili alla ricostruzione storiografica delle loro imprese che alla valutazione e quantificazione degli stanziamenti dei mercenari in Egitto, le prime indicazioni degne di rilievo sono presenti nel *Pap.Amiens*, documento che attesta la presenza di Shardana in Medio Egitto e più precisamente, secondo Gardiner, nella regione hermopolita[1]; le prime due attestazioni riguardano il *rmṯt n nꜣ Šrdn* "popolo degli Shardana" (*recto* 4,10 e 5,4), la terza, invece, la *Pr n nꜣ Šrdn* "dimora degli Shardana" (*verso* 2, x+10)[2] e la quarta attestazione è afferente allo Shardana Kharoy (*verso* 4, x+3).

In tutti i casi, lo scriba è attento a quantificare la tassazione versata alla corona dai mercenari ma indica solo indirettamente le aree di pertinenza dei loro possedimenti:

1. nel *recto* 4,10 la consegna delle tasse avviene nella regione di *Ḥenwte*[3] nel magazzino[4] del "controllore" *Sethiwenmaf* nella cui giurisdizione è la *Pr n Rmssw-mr-Ỉmn (grg) n m nꜣ rmṯt n nꜣ Šrdn* "Casa di Ramesse-meriamun (fondata) per il popolo Shardana"; nel *recto* 5,4 si quantifica soltanto la tassazione corrisposta dai mercenari e dagli scribi reali per i quali è stato creato il "dominio del tempio di Amon-Ra"[5];
2. nel *verso* 2, x+9 si menziona una città [...]*sꜥy* (?) nei pressi di *Nfrw*[*sy*] nella regione hermopolita[6];
3. nel *verso* 4, x+2 è riportata la località di *Tꜥ*[...]*sꜣbw* (?) anch'essa nei pressi di *Nfrw*[*sy*][7].

Abbiamo dunque a che fare con tre differenti tipi di insediamenti destinati ai mercenari: il primo, definito nel documento "dominio della dimora di Ramesse-meriamun" sta ad indicare che gli Shardana sono beneficiari di campi destinati al mantenimento di uno dei santuari regi (o strutture palatine) presenti nella tebaide o nella regione menfita[8], il secondo, invece, si riferisce probabilmente ad un insediamento (fortezza o

[1] - Gardiner, JEA 26, op.cit.37-56

[2] - ibid. 53

[3] - ibid.40; si tratta probabilmente del *Ḥwniwti* menzionato nel Pap.Wilbour: A.H.Gardiner, *The Wilbour Papyrus Commentary* (Oxford 1948). B.Menu, *Le régime juridique des terres et du personnel attachè à la terre dans le Papyrus Wilbour* (Lille 1970);

[4] - Il termine *ḏnw* è utilizzato nel documento con il significato di "magazzino, luogo di raccolta" per le tassazioni: ibid. 63-64.

[5] - Si tratta probabilmente del computo complessivo del grano corrisposto dagli Shardana che beneficiano delle tenute del tempio di Amon-Ra.

[6] - I luoghi menzionati nel documento si riferiscono agli approdi ove periodicamente attraccavano le imbarcazioni dell'amministrazione centrale per la raccolta delle tassazioni. Secondo Gardiner (ibid. 53 nota 3) Nefrusi sarebbe da identificare a nord di Hermopolis.

[7] - ibid.54

[8] - Si veda l'ampia e circostanziata trattazione di Gardiner (ibid.41-44 e 47), tra l'altro, confermata nel *recto* 5,4.

villaggio)[9] e il terzo, non ben specificato ma del tutto intuibile, si riferisce ad una singola proprietà agricola.

Le informazioni desumibili dal *Pap.Amiens* lasciano dunque ipotizzare che, nel periodo immediatamente successivo al regno di Ramesse III, la dislocazione degli Shardana in Medio Egitto fosse regolata dalla tipologia e quantità di terre da assegnare ai mercenari nonché dalle potenzialità di espansione degli insediamenti ad essi destinati; è dunque agevole ipotizzare che la "corresponsione" dei mercenari beneficiari di terre alla corona avvenisse secondo una duplice gradazione: al livello più basso si situa la corresponsione ascrivibile al singolo beneficiario da versare alla corona tramite il centro fortificato o la comunità limitrofa, mentre al livello superiore si situa la corresponsione gravante sulla comunità o insediamento di area o regione, fermi restando gli ulteriori oneri e benefici derivanti dalla prestazione di natura professionale sia in qualità di combattenti sia in qualità di "specialisti della guerra", competenza, quest'ultima, non esclusivamente circoscritta al campo militare ma eventualmente estesa ad altri settori lavorativi come la cantieristica navale e la fabbricazione di armi ed oggetti di pregio.

Una simile visione trova conferma nel *Pap.Wilbour,* altro importante documento amministrativo di età ramesside e fonte preziosa sulle condizioni socio-economiche dei mercenari e sulla distrubuzione dei loro insediamenti[10]. Nel documento sono attestati 82 Shardana titolari di appezzamenti di terra, dei quali 74 in possesso di campi di 5 *arure* e 8 di campi di 3 *arure*; accanto a questi vi sono tenute "collettive" che variano dalle 10 alle 300 *arure* ascrivibili a comunità più numerose. Come giustamente evidenziato da O'Connor, le comunità Shardana, al pari di quelle di altri militari, si concentrano prevalentemente in quelle aree del Medio Egitto ad alta densità abitativa limitrofe ai grandi centri amministrativi e alle capitali di nomo come *Hardai* (Cinopolis), *Tpehu* (Afroditopolis), *Ninsw* (Herakleopolis) *Shedet* (Crocodrilopolis), *Mi-wr*, *She*, *Onayna* e *Spermeru* (Ossirinco)[11].

Gli insediamenti degli Shardana citati nel papiro sono molteplici ma non tutti sono suscettibili di traslitterazione poiché illeggibili o di resa incerta; i toponimi indubbi sono:

- *Sako* (6 unità);
- *Spermeru* e *Yaya* (4 unità);
- *Villaggi di Inroyshes, di Irkak e di Djasarti, Pen-Ren-ib* (3 unità);
- *Collina di Naḥihu, Dimora di Meryra, Entore, Sekhen-wab-ib, Nuova terra di Neby* (2 unità);
- *Collina di Djajabw, Isola di Amon, Pn-Iwn, Pn-Iqarya, la vecchia dimora di Tjawati, la dimora di Paserw, la fortezza (villa) di Meryra, la fortezza (villa) del tempio di Seth, il tempio di Amon signore del ritorno, Pr-Iqr,*

9 - Sulla prima questione non sembra esservi dubbio sulla funzionalità del termine *pr* per caratterizzare installazioni cultuali e/o palatine di una certa importanza presenti in Alto o Medio Egitto, mentre è nel secondo caso che permane un'incertezza nel stabilire la funzione della parola usata dallo scriba per definire l'insediamento dei mercenari, dacché altri comuni termini come *ʿt* (dimora), *wḥyt* (villaggio) e *bḫn* (villa o fortezza ?) non vengono presi in considerazione. L'ipotesi che si tratti di un sito appositamente creato per comunità dei mercenari attorno al quale graviterebbero altre piccole comunità è confermata dallo stesso toponomastico, del tutto simile a quelli presenti nel *Pap.Wilbour* come, ad esempio, *Tꜣʿt nꜣ wʿw* "villaggio dei soldati". Sulle colonie militari in età ramesside: J.Yoyotte - S.Sauneron, "Traces d'établissements asiatiques en Moyenne-Égypte sous Ramses II" in *Revue d'égyptologie* 7 (1950), 67-70; B.Menu, *Le régime juridique des terres et du personnel attaché à la terre dans le Papyrus Wilbour* (Lille 1970); id., *Recherches sur l'Histoire Juridique, Economique et Sociale de l'Ancienne Egypt* (Paris 1983); id. "Militärkolonie" in LÄ IV col. 82-95; D.O'Connor, "The Geography of Settlements in Ancient Egypt" in D.Ucko, Tringham e Dinbleby , *Man, Settlement and Urbanism* (London 1972), 681-98; id. "Il Nuovo Regno (1552-1069 a.C.)" in B.J.Kemp – D.O'Connor e B.Trigger, *Storia Sociale dell'Antico Egitto* (Roma-Bari 1989), 259-93;

10 - Sulla distribuzione degli insediamenti in Medio Egitto desumibile dal *Pap.Wilbour* vedi l'importante contributo di O'Connor, "The Geography", op.cit 690-97 completato da Menu, *Recherches*, op.cit.; sui siti religisosi del Fayyum vedi anche M.Zecchi, *Geografia Religiosa del Fayyum* (Imola 2001) con bibliografia.

11 - O'Connor, "The Geography", op.cit. 692-95; Zecchi, op.cit.

Pr-wayna, Pr-Medjat, Pa-mr-meki, Pn-Medjay, Nayroti, Pn-na-Nehesy, Tempio di Heq-maat-ra Setepenamun, Sharopet, Pn-Shasw, Pr-qmaa,e Pa-kenroy (1 unità).

I toponimi di grafia incerta sono invece:

- *Sicomori della tenuta del faraone, Regione a nord del Muro di Pa-tjesy-hour* (2 unità);
- *Maniw-Meron, Tenuta di Ramesse-Miamun a N della Città di Sasa, Tenuta di Usimaatra- Setepenra del tempio di Amon a N della città di Pa-Ihay, Isola di Amon, Stalla di Horo (Tratto di Hardai), Pakhernekheb-ca (?), Fortezza di Onayna, Bacino di Sharope nel Lago di Sicomoro, Sicomori di Irkak, Lago del faraone a sud di Nayroti, Villaggio di Tuthmosi, Villaggio di Ira, Piantagione di Saga, Villaggio di Wara, Tempio di Ptah* (1 unità).

Come già detto nel primo capitolo, accanto agli Shardana compaiono i *vessilliferi* e i *servitori* che ricoprono un ruolo "equilibrante" nel mosaico sociale e militare della regione; i primi esercitano un controllo diretto sui mercenari per conto della corona e dell'esercito, mentre i secondi agiscono per conto dell'amministrazione fungendo da ideale *trait d'union* tra gli stranieri e la comunità circostante. Alcuni dei 13 vessilliferi risultano infatti stanziati proprio nei pressi dei siti di maggior affluenza dei mercenari come *Yaya, Irkak, Djasarti* e *Spermeru* così come la maggior parte dei 17 "servitori" degli Shardana sono presenti a *Spermeru, Irkak, Djasarti, Per-Iqer, Per-Wayna* e *Pen-Shasw*.

Altre due attestazioni presenti nel papiro, ancorché di trascrizione incerta, sono interessanti poiché riguardano altre due categorie di lavoratori al servizio degli Shardana; si tratta di un "allevatore" e di un "cacciatore", il primo citato nel passo A 67.18 è *Rw* (*Roney* per Gardiner) che porta il titolo di *mniw n3 Šrdn* "allevatore degli Shardana" ed è titolare di un campo di 5 arure del pascolo del tempio di Ra-Horakhte ubicato *a SE della terra di Pi-Deben*; il secondo, citato nel passo A 81.32, è *Imna* anch'egli titolare di un campo di 5 arure *a sud-ovest del tempio di Sobek* in qualità di *sprw sbk n Šrdn* "cacciatore di coccodrilli degli Shardana". Quest'ultima testimonianza apre una serie di interrogativi soprattutto perché è in grado di stabilire un legame tra i mercenari e il culto di Sobek che, come sappiamo, è ampiamente diffuso nel Fayyum e in particolare a Spermeru, She e Shedet (Crocodilopolis)[12]; fra i tre siti menzionati, è Spermeru il sito ove sono attestati quattro Shardana:

- *Sth-ḥ*ᶜ (A 44.24);
- *ᶜdd* (A 48.24);
- *Nbᶜnyb* (A 48.28);
- *ᶜḥ3-nḫt* (B 17.29).

Il primo appezzamento è a *sud dell'altura di Spermeru*, il secondo a *nord di Pn-wḏ-ḥw a sud-ovest di Spermeru*, il terzo a *nord-est di Spermeru* e il quarto nella (*regione di*) *Mᶜšrw a nord di Spermeru*; oltre ai mercenari figurano sempre i vessilliferi *Ptḥ-m-ḥb* (A 59.9) e *Pnt3wr* (A 61.44) e il servitore degli Shardana *Pᶜ-hw-m-ḥ3b* (A 44.32).

La presenza dei mercenari nella regione di Spermeru sembra aver carattere di continuità, dacché, circa ottant'anni dopo (regno di Ramesse XI), qui sono attestati gli Shardana Pakamen e Satameniw che nel *Pap. dell'Adozione* agiscono in qualità di testimoni in un atto di adozione insieme a quattro capi-scuderie anch'essi proprietari terrieri; il fatto qui rilevante è che, ai fini della stipula dell'atto secondo la consuetudine legale del tempo, l'attore capo-scuderia Nebnefer pronuncia una dichiarazione dinnanzi a testimoni, ovvero a coloro che con lui hanno rapporti di familiarità e/o vicinanza[13] e ciò oltre a testimoniare l'avvenuta integrazione sociale del mercenario, lascia intuire che la distribuzione degli insediamenti Shardana in Medio Egitto attestata nel *Pap.Wilbour* non deve aver subito particolari trasformazioni fino alla fine della XX dinastia.

---

[12] - Secondo Gardiner (op.cit.) Spermeru è da individuarsi nei pressi a 30-40 km da Bahnasa (Ossirinco – PM IV 124) sulle risultanze dell'*Onomasticon Golénisheff*, nel quale il sito precede Herakleopolis; l'ubicazione di She è ancora più incerta, sebbene si è inclini a posizionarla nei pressi di Gurob nei pressi di Shedet (PM IV 112); sui culti e sui siti cfr.Zecchi, op.cit. 105-182.

[13] - Gardiner,, JEA 26, op.cit.25-28

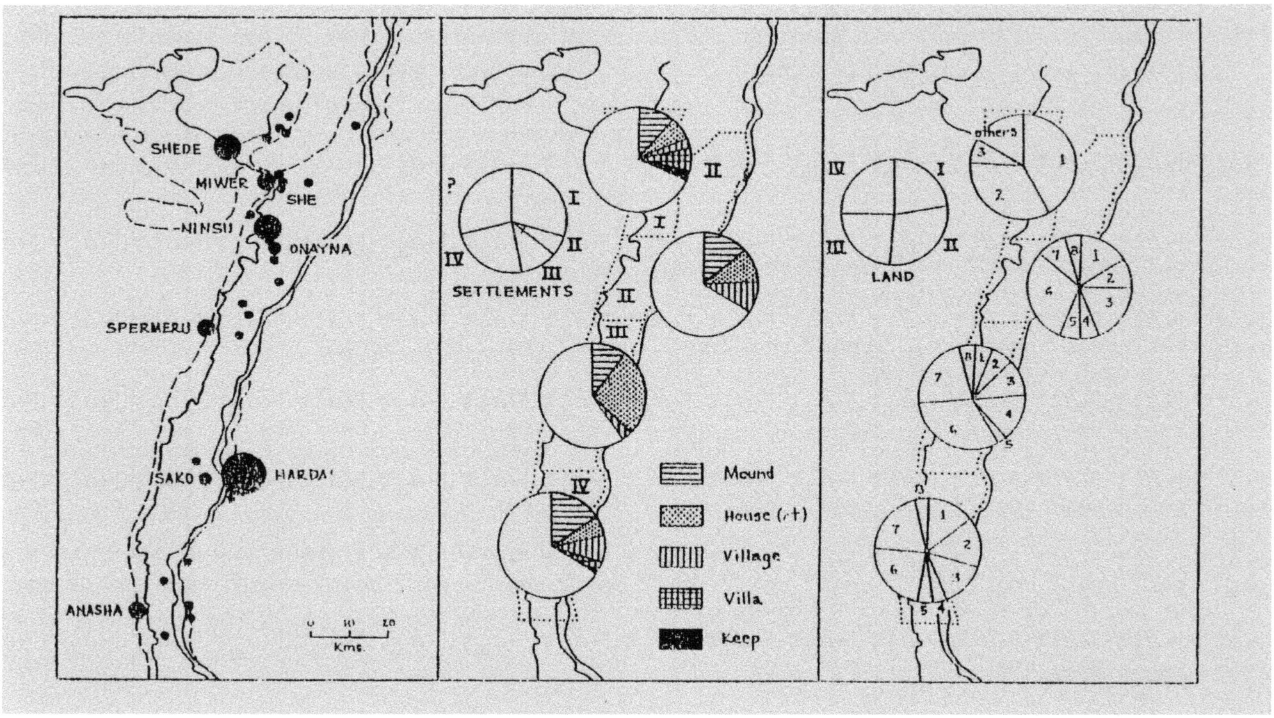

Distribuzione degli insediamenti e delle tenute agricole in Medio Egitto
(O'Connor, "The Geography", op.cit.)

Se dalle fonti finora prese in esame è stato possibile ricavare utili informazioni sulla distribuzione degli insediamenti dei mercenari, altra documentazione sempre afferente al regno di Ramesse XI permette di far luce sull'impiego degli stessi; si tratta, come già detto, di alcuni dei papiri del decimo anno dell'*Wḥm-mswt* "Era della Rinascita" (*Pap. BM* 10326, *Pap.BM* 10375 e *Pap.Torino 2026*) nei quali si evince che lo Shardana *Ḥr-i* è al servizio del vicerè di Nubia e dei responsabili della necropoli reale lo scriba Tuthmosi e suo figlio Butenamon.

Sulla figura di Payankh e sulle vicende che funestarono la fine del regno di Ramesse XI abbiamo dati appena sufficienti ma che lasciano ipotizzare che gli Shardana fossero ancora legati alla casa reale e che abbiano potuto prendere parte allo scontro tra l'esercito regio e il ribelle Panehesy proprio in Medio Egitto[14]; tale evento risale probabilmente al primo anno dell'Era della Rinascita (anno 19 di Ramesse XI), mentre la spedizione di Payankh in Nubia contro Panehesy è attestata nove anni più tardi. Non sappiamo tuttavia se l'offensiva del generale si fosse esaurita alla fine della sua campagna avvenuta nel decimo anno dell'era della Rinascita (anno 28 di Ramesse XI)[15], ma da questo momento in poi nulla induce a pensare che l'impegno dei mercenari debba essersi protratto (in Nubia o nella Tebaide) successivamente durante il regno di Smendes. Se dunque del tutto oscura è la presenza dei mercenari a Tebe, (salvo quanto attestato nei papiri in narrativa) in Nubia occorre far riferimento all'avamposto lì stabilito da Payankh per l'avvio della sua offensiva; le informazioni desumibili dai papiri dell'*Wḥm-mswt* lasciano ipotizzare che il primo acquartieramento del generale fosse stabilito ad Elefantina o comunque non oltre la seconda cateratta come confermato

[14] - Sulla questione vedi : Kitchen, *The Third Intermediate*, op.cit. 248-54 ; Yoyotte, *Pharaons*, op.cit. e Niwinski, *Le Passage*, op.cit.346-47. Sui titoli di Payankh : P.M.Chevereau, *Prosopographie des cadres militaires égyptiens de la Basse Époque*, Paris 1985), doc.n.3 con bibliografia.

[15] - Kitchen, ibid.253; Niwinski, ibid.347-48.

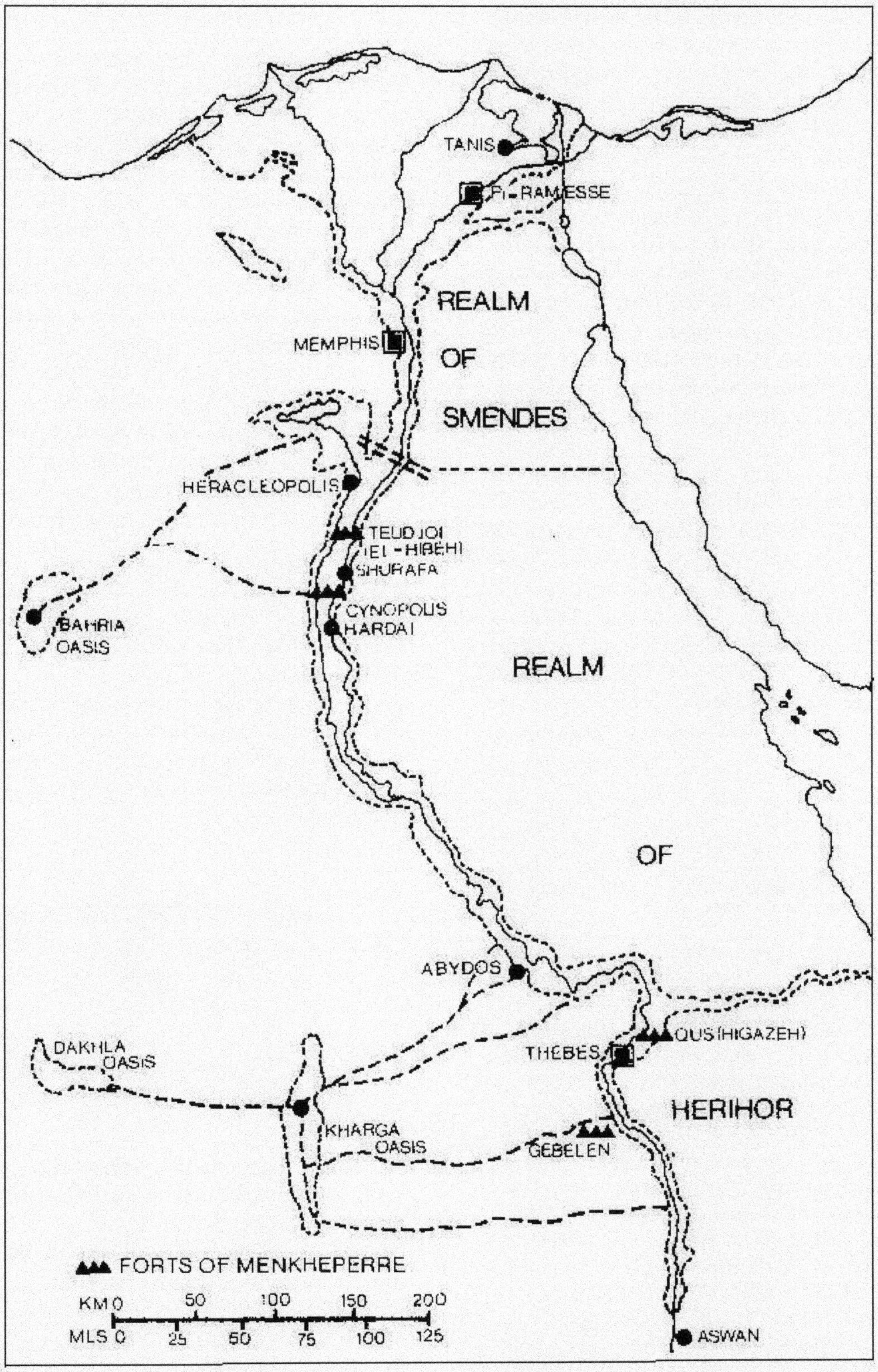

Mappa della configurazione politico-militare dell'Egitto alla fine della XX dinastia
(Kitchen, *The Third Intermediate*, op.cit.253)

nel *Pap.Torino* 1973 e *Pap.Torino* 1974[16] che attestano la presenza del generale ad Elefantina (sede di acquartieramento) e la sua successiva partenza verso Alta Nubia per "inseguire" ed annientare Panehesy. Sull'esito della campagna di Payankh così come sull'estensione e sulle forme del dominio egizio in Nubia non sappiamo; l'unica attestazione egizia nella regione è a Sehel[17] ma è afferente al regno di Psusennes II: tuttavia, a voler approfondire ulteriormente la questione, qualche utile indizio si ricava dal *Pap.BM* 10326, nel quale vi è esplicita invocazione da parte dell'autore (lo scriba Tuthmosi) di Horo di Kuban e di Aniba nel preambolo del documento, dato, questo, che secondo Wente potrebbe indicare il luogo di redazione della missiva[18]. Se si accoglie tale impostazione, è del tutto agevole ipotizzare che alcune delle tappe della campagna di Payankh fossero proprio Kuban e Aniba già sedi di avamposti egizi nel Medio Regno e nelle dinastie XVIII e XIX[19]. Da qui, è agevole mettere in relazione la diversa titolatura menzionata dallo scriba Butenamon per indicare Payankh nel *Pap.BM* 10375 stante probabilmente ad indicare l'avvenuta conquista da parte del condottiero della piazzaforte di 'Amarah ovest, sede ufficiale del Vicereame di Kush in età ramesside[20].

[16] - Wente, *Late Ramesside Letters*, 1967, op.cit.13, 20-21 e 24-27 n.2 e 4

[17] - Kitchen, *The Third Intermediate*, op.cit.257

[18] - Wente, *Late Ramesside Letters*, 1967, op.cit.1

[19] - Sul dominio egizio della Nubia cfr. V.W.Davies, *Egypt and Africa: Nubia from Prehistory to Islam* (London 1991); T.Celenko, *Egypt in Africa* (Indianapolis 1996); E.Fantusati, *Antica Nubia – Storia dell'Arte della Valle del Nilo* (Roma 1999) con bibliografia; sulle fortezze cfr. A.W.Lawrence, "Ancient Egyptian Fortifications" in JEA 51 (1965), 69-94; A.Badawy, *A Hystory of Egyptian Architecture, The Empire or New Kingdom* (Los Angeles 1968); W.Adams, *Nubia: Corridor to Africa* - 2 ed. (London 1984); T. Säve-Söderbergh – L. Troy, *New Kingdom Pharaonic Sites: The Finds and the Sites* – The Scandinavian Joint Expedition to Sudanese Nubia – Vol.5.2 (Uppsala 1991). Il titolo di Vicerè di Kush attribuito a Payankh è riportato all'inizio del *Pap.BM* 10375: Wente, *Late Ramesside Letters*, 1967, op.cit.n.28.

In questo convulso susseguirsi di eventi, però, la vicenda degli Shardana (e di Hori nel caso di specie) non può apparire che minimale, soprattutto se le informazioni in nostro possesso forniscono deboli indizi sull'impiego del personaggio, dacché non è chiaro se questi agisce da mercenario al servizio di Payankh o in qualità di messaggero per conto della necropoli reale tebana. Abbiamo perciò a che fare con due visioni nettamente contrapposte: nella prima si tratterebbe di un particolare impiego di natura tattica generalizzabile a tutti gli Shardana secondo cui il messaggero è, di fatto, assimilabile al *pḥrr* e al *šmsw*, nella seconda si tratterebbe di un impiego di minimale rilevanza militare ma che testimonia l'avvenuta e forse graduale "conversione" dello Shardana da mercenario a lavoratore comune.

A tal fine, giova rilevare quanto riportato nel passo 10-12 del *Pap.BM* 10375 nel quale lo scriba Butenamon riferisce a Payankh d'essersi imbarcato da Tebe ovest (Medinet Habu, sede dell'amministrazione della necropoli reale) per portarsi a Tebe est allo scopo di ricevere la lettera del generale "dalle mani" dello Shardana Hori. Analogamente, in un passo della stessa lettera (14-17), Butenamon riceve *in situ* altri due messaggeri di Payankh.

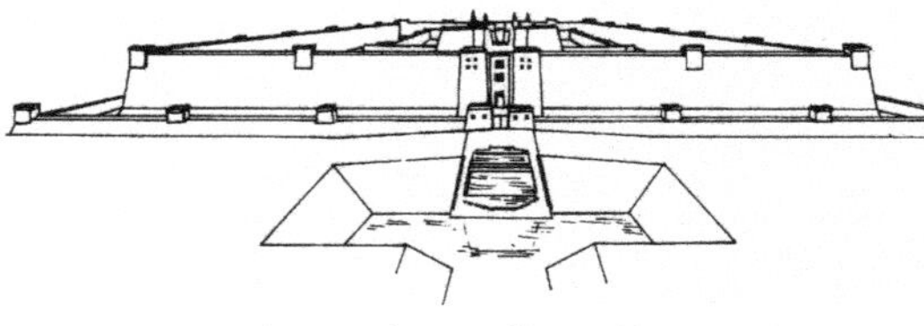

Il complesso di Medinet Habu
(Grimal, *Storia dell'Antico Egitto*, op.cit.)

Si tratta ovviamente di un evento piuttosto insolito nella consuetudine del tempo relativa alle missioni di natura amministrativa, fiscale e militare, in quanto, qualsiasi dipendente della necropoli inviato come messaggero in Nubia, al suo ritorno,

[20] - L.Habachi, "Viceroys of Kush during New Kingdom " in CSAE 23, 139-54; P.Spencer, *Amara West: the Archaeological Report* – Egyptian Exploration Society (London 1997) con bibliografia

avrebbe attraccato direttamente alla banchina del bacino portuale di Medinet Habu senza attendere a Tebe est l'arrivo dei destinatari della missiva; ciò lascia pertanto intuire non solo che Hori sia alle dirette dipendenze del generale quale combattente ma che, in ordine alle direttive ricevute, abbia atteso l'arrivo dello scriba Butenamon e ciò probabilmente dopo essersi presentato al comando militare presente in città.

Ma torniamo in Medio Egitto; sulle fortezze qui presenti agli esordi della XXI dinastia come El-Hibe[21], Shurafa, Qus e Gebelein[22], possibili sedi di acquartieramento degli Shardana, disponiamo solo di dati approssimativi, dacché la maggior parte dei resoconti di scavo ad essi afferenti a tutt'oggi non è stata oggetto di revisione né di aggiornamento; lo stesso dicasi per altri insediamenti della regione nei quali è intuibile la presenza degli Shardana: *Tell Yahudiya* (PM IV, 56), *Guroub* (PM IV, 112), *Sedment* (PM IV, 115), *El-Bahnasha* (PM IV, 124), *Kom el-Sawaris* (PM IV, 125), *El-Ashmunein* (PM IV, 165), *Deir el-Gebrawi* (PM IV, 242)[23]; l'unico sito oggetto di recenti scavi archeologici è Ehnasiya el-Medina (Herakleopolis); grazie ai risultati della missione di spagnola diretta prima da J.Lopéz e più di recente da M.C.Peréz-Die, nonché da un recente contributo di J.Padro[24], è stato possibile ricavare qualche utile dato ai fini della nostra indagine.

Le iscrizioni delle sepolture scoperte *in situ* nella necropoli del Terzo Periodo Intermediario non solo confermano il ruolo di Herakleopolis quale centro direttivo del dominio libico in Medio Egitto[25] ma attestano l'assenza di qualunque riferimento agli Shardana o a qualunque sepoltura ad essi attribuibile[26]; l'assenza dei mercenari sul sito è di per sé fatto indicativo perché è contestuale alla presenza in tutte le iscrizioni funerarie del tempo di riferimenti ai *Thr* oltre che ai *Ma* (Libici) e ciò, a meno di ulteriori smentite derivanti da nuova documentazione, sembrerebbe confermare l'avvenuto progressivo decentramento degli Shardana in altri siti del Medio Egitto.

L'unico dato interessante, al momento da verificare, è la presenza nei pressi del lato meridionale della cinta urbana (parte interna) nel livello IV (fine del Nuovo Regno) di una serie di strutture circolari di diametro medio di 240 cm, forse silos o forni secondo Perez-Die[27], riutilizzate come sepolture. Peculiarità di queste strutture è la loro forma a *tholos*, alte circa 1.70 m con la base realizzata in lastre di calcare; la presenza coeva di simili tumuli è attestata a Tell Yahudiya[28] a Badari[29] e, con qualche approssimazione, a Tell Akko[30]. Abbiamo a che fare con un'usanza funeraria del tutto innovativa ancorché interessante per comprendere le diverse fasi di

21 - La costruzione della fortezza è attribuita a Pinegem I – Menkheperra: PM IV, 124; Kitchen, *The Third Intermediate*, op.cit.257 n.73; R.J. Wenke, *Archaeological Investigations at El-Hibeh 1980: Preliminary Report* – ARCE 9 (Malibù 1984); S.Aufrère, J.Cl. Golvin e Cl.Goyon, *L'Egypte Restituée,* III (Paris 1997), 221-22

22 - Kitchen, *The Third Intermediate*, op.cit.269 con bibliografia; Aufrère, Golvin e Cl.Goyon, op.cit.220-24

23 - Sui siti del Fayum cfr: Aufrère, Golvin e Cl.Goyon, op.cit.200-230.

24 - PM IV, 118; J.Lopéz, "Rapport Préliminaire sur les Fouilles d'Hérakléopolis (1966)" in Oriens Antiquus 13 (1975), 299-316 ; id., "Rapport Préliminaire sur les Fouilles d'Hérakléopolis (1968)" in Oriens Antiquus 14 (1976), 57-78 ; M.Almagro – F.J.Presedo, "Les Fouilles à Hérakléopolis Magna (1976)" in *First International Congress of Egyptology – October 2-10, 1976, Acts* (Berlin 1979), 67-71; M.C.Perez-Die, "Travaux récents à Ehnasya el-Médina (1995-1999)" in *Proceedings of the Eight International Congress of Egyptologists April 2000* (Le Caire 2001), vol.II, 369-76 con bibliografia; J.Padro, *Études Hirstorico-Archéologiques sur Héracléopolis Magna: La Nécropole de la Muraille Méridionale* in *Nuova Studia Aegyptiaca* 1 (Barcelona 1999).

25 - Come confermato dall'abbondante presenza di iscrizioni, materiale e sepolture di principi libici: Perez-Die, "Travaux", op.cit. 373

26 - Come da comunicazione da parte della studiosa che ringrazio.

27 - Perez-Die, "Travaux", op.cit. 371 ; Padro, *Études*, op.cit.53-55

28 - PM IV, 56 ; Petrie, *Tell Yahudiya* (London 1901), 42-46 – Pl.XII-XIV.

29 - Si tratta di strutture circolari in mattoni crudi utilizzate per sepolture: G.Brunton, *Qau e Badari III* (London 1930), 13-14 n.30.

30 - M.Dothan, "Tell Akko" in NEAHL I, 17-23; secondo lo studioso si tratta di "cesspits with stone walls".

occupazione del sito ma che, data la scarsità di dati disponibili, non può esser in alcun modo legata agli Shardana; ciò nonostante, è da ipotizzare che tali strutture, del tutto differenti dai tradizionali silos e forni egizi, siano ascrivibili a "stranieri" presenti *in situ* come, peraltro dimostrato dall'enorme quantità di vasellame levantino ed orientale scoperto nei livelli IV e V[31].

A parte i Libici, solo gli Shardana e i Thr sono da considerarsi "stranieri" in Medio Egitto, di entrambi però non abbiamo dati afferenti alla loro architettura funeraria; sui *Thr*, attestati nella regione anche in piena età libica, si può agevolmente ipotizzare che questi mercenari fossero seppelliti come i Libici in tombe di pianta quadrata o rettangolare, rinvenute in gran quantità nella necropoli del Terzo Periodo Intermediario[32]. In altre parole, l'assenza di strutture funerarie a tholos a Herakleopolis alla fine della XX dinastia, potrebbe, di fatto, indicare un cambiamento nelle abitudini funerarie o, più verosimilmente, la presenza di altra tipologia di mercenari in seno alla guarnigione locale. Quest'ultima ipotesi pare confermata dall'assenza di attestazioni degli Shardana *in situ* a partire dagli inizi della XXI dinastia e la contestuale apparizione dei *Thr* avvenuta poco prima[33]; la presenza di questi mercenari è infatti attestata su di un importante documento degli esordi della XXI dinastia (regno di Sheshonq I): si tratta di una stele di offerta al tempio di Hershef di Herakleopolis per volere di Nimlot, principe e comandante della guarnigione[34]. Nella linea 12 della stele si cita l'offerta da parte del *pꜣ ꜥꜣ n thrw n Wsr-Mꜥꜥt-Rꜥ* "Comandante dei Thr della fortezza di Wsr-Maat-Ra" e il *pꜣ ꜥꜣ n thrw n Nn-nswt* "Comandante dei Thr di Herakleopolis", così come nel verso della stele alla linea 2 si cita l'offerta del *sš n mšꜥ n nḫtw n Mr-mšꜥ.f* "scriba dell'esercito delle fortezze di *Mr-mšꜥ.f*" nonché l'offerta delle *tpy mšꜥ n Mr-mšꜥ.f* "truppe scelte di *Mr-mšꜥ.f*".

Queste informazioni contribuiscono non solo a chiarire la presenza ad Herakleopolis dei *Thr* e la contestuale assenza degli Shardana a partire dalla XXI dinastia, ma a diversificare i vari insediamenti fortificati presenti all'epoca nella regione. Il *trait d'union* o la traccia in grado di stabilire la contestuale presenza nella regione di entrambi i mercenari si ottiene con ausilio dell'analisi prosopografica di alcuni militari d'età ramesside. Gli unici due comandanti delle fortezze Shardana attestati finora sono Sethemheb e Men-maat-ra-nekhtw.

Se il titolo del secondo personaggio non desta particolari problemi di interpretazione e attesta la presenza di cinque fortezze Shardana, su Sethemheb la questione è differente; ciò perché questo militare dichiara nel suo documento funerario di essere *ꜥꜣ n thrw pꜣ nḫt n mr mšꜥ.f* "Comandante dei *Thr* della fortezza di *Mr-mšꜥ.f*" e contestualmente di essere *ḥꜥt pꜣ nḫtw ꜥꜣ Šrdnnꜣ* "Comandante (?) delle grandi fortezze degli Shardana"[35]; se il titolo *ꜥꜣ n thrw* non desta particolari problemi di interpretazione, quello *ḥꜥt pꜣ nḫtw ꜥꜣ Šrdnnꜣ* solleva talune perplessità sia per l'uso del termine *ḥꜥt* per indicare il comando della fortezza (non il consueto *imy-r* o *mr ḫtm*), sia per l'aggettivo in forma singolare *ꜥꜣ* applicato alle fortezze Shardana. In merito, Kessler ammette due soluzioni: Sethemheb inizia la sua carriera di ufficiale comandante a *Mr-mšꜥ.f* (sotto il cui comando sono le fortezze Shardana) per poi assumere il grado di generale e di comandante dei Thr in seno alla guarnigione della fortezza oppure nel titolo *ḥꜥt pꜣ nḫtw ꜥꜣ Šrdnnꜣ* confluirebbero due gradi, quello di *ḥꜥt pꜣ nḫtw* "Comandante delle

---

31 - J.Lopez – F.Quesada – M.A.Molinero, *Excavaciones en Ehnasya el Medina* II – *Cerámica y Recipientes en piedra* (Madrid 1995), 106-108; Perez-Die, "Travaux", op.cit. 371

32 - Perez-Die, "Travaux", op.cit. 371-75 con bibliografia.

33 - Sulla presenza dei Thr a Herakleopolis: M.C.Perez-Die – P.Vernus, *Excavaciones en Ehnasya el Medina* I – *Introduccíon e Inscriptciones* (Madrid 1992), 16 doc.12.

34 - A.Kamal, "Un Monument Nouveau de Sheshonq I" in ASAE 15 (1915), 33-38

35 - Kessler "Eine Landshenkung", op.cit.130-31 note 161-62; Chevereau, *Prosopographie*, op.cit. n.9.19 e 12.08; la presenza di questi mercenari quale guarnigione della fortezza di *Mr-mšꜥ.f* è altresì confermata nella stele di donazione di Seshonq I (*recto*, L2) rinvenuta nel tempio di Hershef di Herakleopolis: Kamal, op.cit.35.

fortezze" e quello di *ꜥꜣ Šrdnnꜣ* "Capo degli Shardana"[36].

In entrambi i casi, tuttavia, appare evidente che alla fine dell'età ramesside il comando dei Thr e della guarnigione della fortezza di *Mr-mšꜥ.f* costituiva incarico superiore a quello afferente al comando delle fortezze e/o guarnigioni Shardana, il che implica sotto il profilo strategico che la fortezza fungeva da centro direttivo del controllo militare del Medio Egitto dalla quale dipendevano probabilmente anche tutti gli stanziamenti di mercenari presenti nella regione[37].

Chiarita la funzione e l'importanza di *Mr-mšꜥ.f.* nell'epoca di nostro interesse, resta ancora da chiarire l'esatta successione temporale fra le due fonti menzionate nonché le implicazioni storiche ad essa afferenti; abbiamo a che fare, infatti, con i cinque insediamenti fortificati Shardana dell'iscrizione di Men-maat-ra-nekhtw e le "grandi fortezze" Shardana della stele di Sethemeheb probabilmente gli stessi siti presenti nella stessa regione; tale "concordanza" riguardante la presenza in Medio Egitto di più fortezze Shardana trova giustificazione in caso di manifesta contemporaneità delle due fonti; se si accoglie la datazione di Kessler e di Kitchen (tralasciando quanto asserito da Kahl che ritiene la stele di Sethmheb databile al regno di Ramesse III)[38], il passaggio dalle "fortezze" alle "grandi fortezze" degli Shardana o viceversa, avvenuto in pochi decenni, si configura come una sorta di "evoluzione" strategica e tattica degli insediamenti dei mercenari avvenuta nel corso della XX dinastia, forse legata sia ad esigenze di carattere militare dovute essenzialmente agli eventi bellici che sconvolsero la tebaide e il Medio Egitto, sia all'esigenza da parte dell'amministrazione di potenziare, trasformare e di ridistribuire gli insediamenti dei mercenari (ulteriore frazionamento delle tenute) per agevolare il periodico "riciclo" dei possedimenti e dei beni ad essi destinati[39].

Sulla seconda questione è difficile dire, dacché la presenza della stele di Sethemheb nel principale tempio di Herakleopolis e la menzione nello stesso documento della fortezza di *Mr-mšꜥ.f* lascia ipotizzare che il suo incarico di "Comandante delle grandi fortezze degli Shardana" abbia avuto luogo proprio nell'ambito del territorio posto sotto il controllo di *Mr-mšꜥ.f.*

Se dunque è in Medio Egitto che gli Shardana sono stanziati secondo quanto ci dice la stele di Sethemeheb, meno decisivo appare l'apporto dell'iscrizione di Men-maat-ra-nekhtw che, per quanto chiaro sull'interpretazione del titolo, non consente alcuna "contestualizzazione" topografica del suo incarico; l'unico dato rilevante è che questi è un personaggio di sangue reale e ciò lascia ipotizzare che, ad un certo momento, il legame tra autorità centrale e i mercenari debba essersi notevolmente rafforzato anche a causa delle difficili condizioni politiche venutesi a creare con l'intervento di Panehesy in Medio Egitto. Se tutto questo è vero, l'unica tesi per ora sostenibile sulla vicenda è che le fortezze degli Shardana devono aver svolto una difesa attiva sia in Medio Egitto sia nella regione menfita, *limes* strategico del potere regio nel paese. Che i mercenari siano usciti probabilmente indenni dalla lotta tra la casa reale e Panehesy appare confermato dalla loro successiva presenza in Nubia al seguito di Payankh.

A questo punto, possiamo far entrare "in gioco" un'altra importante attestazione degli Shardana nel nomo herakleopolita: quella di Pazegef della fortezza di *Wsr-Mꜣꜥt-Rꜥ*; l'importanza della stele non è solo desumibile dal fatto che si tratta dell'unico documento finora conosciuto redatto

36 - Kessler, "Eine Landshenkung", op.cit.131

37 - H.Gauthier, *Dictionnaire Géographique* III, 51; Kessler, *Eine Landshenkung*, op.cit.130-34; Chevereau, *Prosopographie...de la Basse Époque*, 44

38 - Loretz, "Les Serdanu", op.cit. appendice; lo studioso menziona il documento fra quelli databili al regno di Ramesse III forse basandosi su quanto riportato nel *Pap.Harris I* 76.5-10, mentre Kessler e Kitchen datano la stele alla fine della XX dinastia: Kessler "Eine Landshenkung", op.cit.130; KRI VII, 373.

39 - G.Cavillier, "L'apparato militare come nuova classe sociale in epoca ramesside" in *Atti del VI Convegno Nazionale di Egittologia e Papirologia, Alta Fiumara, 5-10 settembre 2000*, in corso di stampa; id., *Il Faraone Guerriero: i sovrani del Nuovo Regno alla conquista dell'Asia, tra mito, strategia bellica e realtà archeologica* (Torino 2001).

per uno Shardana raffigurato all'egiziana, ma soprattutto perché in esso vi è un preciso riferimento ad una delle principali piazzaforti del Medio Egitto la cui guarnigione (come pure quella di Herakleopolis) nella XXI dinastia è affidata ai *Thr*[40]. È un dato che funge da moltiplicatore di ipotesi, sia perché lascia intuire la presenza di Shardana tra i ranghi dei *Thr*, evento, questo, del tutto insolito, data la consuetudine da parte dei mercenari di mantenere intatte le proprie prerogative tattiche, sia perché ciò sta ad indicare un possibile smantellamento delle fortezze Shardana menzionate in precedenza ed una contestuale riduzione dell'organico dei mercenari nell'esercito egizio.

Questa visione sembra trovare conferma nella *Stele di Helwan* datata all'anno 16 del regno di Osorkon II (859 a.C. circa) nella quale il sacerdote e scriba degli armenti del tempio di Ptah Ged-ptah-iuf-ankh offre delle tenute agricole (ammontanti a 42 *arure*) a Ptah previa intercessione del principe Nimlot quale primo sacerdote di Hershef e generale comandante della fortezza di *Pr-sḫm-ḫpr* (all'epoca principale piazzaforte di accesso al Fayum)[41].

Tra le tenute consegnate a Nimlot, l'offerente specifica che vi sono gli *3ht Š3rdnn3* "campi (degli) Shardana" ricevuti a sua volta dal sacerdote Horo.

Uno dei primi spunti di discussione riguarda innanzitutto il termine *m-dt* stante ad evidenziare l'ufficialità e la legalità del possesso di Horo delle tenute dei mercenari[42], fatto, questo, avvenuto probabilmente con l'avallo della casa reale o del governatore del nomo; un secondo elemento di discussione è la specificazione delle tenute dette "(degli) Shardana", avente stesso significato e valenza di quella ben più nota di *3ht Pr-ꜥ3* "campi (del) sovrano" e stante a sancire legalmente la proprietà e/o il possesso nonché la vocazione delle tenute all'autorità regia[43]; di certo, la donazione *in sé* non chiarisce né quando né in che modo il sacerdote Horo sia venuto in possesso dei campi Shardana, anche se è da intuire in tale atto il coinvolgimento (diretto o indiretto che sia) del sovrano[44]. Evidentemente, tale *modus operandi* nella cessione o donazione "autorizzata" sembra esser stata la norma nell'epoca di nostro interesse come si evince in un documento similare, databile all'anno 6 del regno di Osorkon I (918 a.C. circa), nel quale il principe Hori per donare un campo di 3 arure ad un suo dipendente deve avvalersi dell'intercessione del generale di Herakeolopolis Ged-ptah-iuf-ankh, ovvero della principale carica militare e politica presente nella regione e rappresentante dell'autorità regia[45].

È dunque da sospettare che l'atto di donazione dell'offerente Ged-ptah-iuf-ankh avverso "passaggio di consegna" a Nimlot stia a testimoniare non solo l'avvenuta cessazione del

---

[40] - Secondo Spiegelberg la stele di *P3dzf* è databile all'età libica e ciò a causa della tipologia di scrittura (ieratico anormale) e della forma adoperata dallo scriba. In un recente tentativo di ricostruzione del contenuto del documento, ha tuttavia permesso di individuare in Pazegef non un semplice militare della fortezza ma un *idnw* "aiutante" personaggio, questo, incaricato di coadiuvare il generale o il comandante di battaglione; tale ipotesi, a meno di successive smentite o riletture del titolo, spiegherebbe la presenza nel tempio di Hershef della stele accanto a quella di Sethemheb, evento altrimenti non giustificabile nel caso che Pazegef avesse ricoperto l'incarico di soldato semplice; è tuttavia da tener presente quanto asserito da Kessler ("Eine Landshenkung", op.cit.130) circa l'impossibilità di stabilire l'esatta provenienza della stele all'interno del tempio né una diretta relazione con quella di Sethemheb. Sul titolo di *idnw* cfr. P.M. Chevereau, *Prosopographie des Cadres Militarires Égyptiens du Nouvel Empire* (Antony 1994), 94 n.3.

[41] - Stele Cairo 45327; G.Daressy, "Trois Stèles de la Pèriode Bubastide" in ASAE 15 (1915), 141-143; Kitchen, *The Third Intermediate*, op.cit.316 su Nimlot e sulla fortezza: Chevereau, *Prosopographie des Cadres Militarires Égyptiens de la Basse Époque*, 56 doc.n.58 con bibliografia ; D.Meeks, "Les donations aux temples dans l'Égypte du Ier millénaire avant J.-C.," in E.Lipinski, *State and Temple Economy in the Ancient Near East*, vol II (Leuven 1979), 633-35 n.112-113, 667 # 225.16.

[42] - Sul termine *m-ḏrt* (qui reso *m-dt*) e sul suo significato e valore legale cfr. Meeks, *State and Temple*, op.cit.633 n.107.

[43] - Meeks, *State and Temple*, op.cit.641 e 646 n.185.

[44] - Sulla figura dell'intercessore regio: Meeks, *State and Temple*, op.cit. 633-34.

[45] - Stele MMA 10.176.42: Meeks, *State and Temple*, op.cit. 666 # 22.2.6

tradizionale *iter* di assegnazione delle terre agli Shardana in Medio Egitto da parte della casa reale, ma che con tutta probabilità questi guerrieri non erano, di fatto, più annoverati tra i mercenari egizi con conseguente passaggio delle loro proprietà ai templi. Si tratta di una considerazione importante se si tiene conto che da questo momento in poi nessun altra informazione ci è nota sugli Shardana e che la loro "scomparsa" o meglio "lenta assimilazione", ancorché da attribuire *in toto* alla scarsità dei dati disponibili, rafforza l'ipotesi di una loro definitiva fusione sociale e culturale con gli abitanti del Medio Egitto, fenomeno, questo, già in piena attuazione come ci mostra la stele di Pazegef.

2. Gli Shardana al di fuori dell'Egitto

La presenza dei mercenari all'esterno del paese in età ramesside appare ben più problematica rispetto a quanto finora rilevato in Egitto; ciò perché le potenziali tracce dei mercenari sono, di fatto, sparse in tutto il Bacino del Mediterraneo e, in particolare, in Sardegna, Cipro, Asia Minore, Siria e nei Balcani e tutte, purtroppo, senza soluzione di continuità. Dovendo effettuare una scrematura dei dati in nostro possesso, dati i limiti spaziali e temporali del presente lavoro, è dunque necessario analizzare quei contesti archeologici ove la presenza dei mercenari è attestata dalle fonti.

Tralasciando Biblo ove le fonti di tarda età ramesside (racconto di Unamon - regno di Herihor) attestano la presenza dei *Tjekker*, è Ugarit una delle principali sedi di stanziamento degli Shardana in un periodo che va dalla fine dell'età amarniana alla fine del regno di Ramesse III (XIV – XII sec.a.C.); come già detto nel capitolo dedicato alle fonti, è ipotesi accreditata che gli Shardana di Ugarit fossero dei mercenari alle dipendenze del sovrano, forse guidati da un o più *Seridannu* (*d̲rdn*), e beneficiari di terre.

Il palazzo reale di Ugarit
(Liverani, *Storia del Vicino Oriente*, op.cit.)

Lo scavo del sito, lungi dall'essere ancora completo, ha restituito gran parte delle dimore del quartiere residenziale, del palazzo reale, delle strutture religiose e di parte dell'abitato destinato alla popolazione[46]; sia le strutture fortificate afferenti al palazzo sia quelle annesse ritenute funzionali alla difesa e alla sopravvivenza militare della residenza e della città come l'arsenale[47] non hanno evidenziato elementi di discontinuità e/o innovazione rispetto alle tradizionali concezioni legate all'arte bellica e tali da rivelare la presenza *in situ* di compagini straniere; l'unico dato degno di rilievo e che può esser messo in connessione con quanto ravvisato in Egitto è la presenza all'interno della "Residenza di Rapanu" di tombe circolari a pozzo (realizzate interamente di blocchi di pietra locale) con scalinata di accesso discensionale e camera funeraria interna a *tholos*[48].

---

46 - M.Yon, *La Cité d'Ougarit sur le tell de Ras Shamra* (Paris 1997) con bibliografia

47 - ibid.56-57

48 - ibid.84-85; sull'architettura funeraria e sui rituali di sepoltura: J.F. Salles, "Rituel mortuaire et ritual social à Ras Shamra/Ugarit" in S.Campbell – A.Green, *The Archaeology of Death in Ancient Near East* – Oxbow Monograph 51 (1996), 171-84; S.Marchegay, "The Tombs. In the Mysteries of

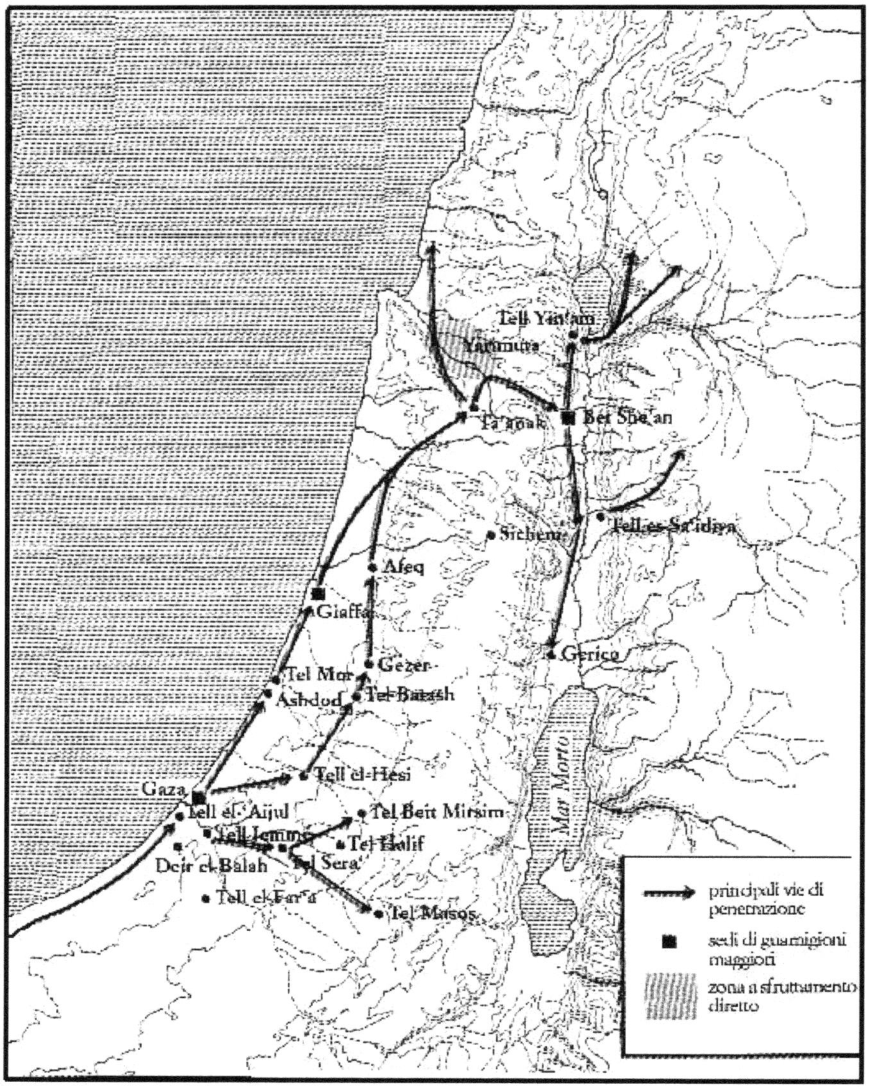

Il dominio egiziano in Canaan durante la XX dinastia
(Liverani, *Oltre la Bibbia*, op.cit.fig.18 con modifiche di Cavillier)

Ugarit: history of daily life" Near Eastern Archaeology 63 (2000), 209-210.

Un'altra fonte di notevole interesse ai fini della nostra indagine è l'*Onomasticon di Amenemope* secondo il quale gli Shardana erano stanziati nella regione costiera a nord del territorio dei *Skl* rispondente all'attuale area di Tell Akko[49]; l'importanza strategica del sito si deve soprattutto alla sua posizione strategica in grado sia di controllare direttamente la limitrofa regione di Yarimuta (il principale "centro di raccolta delle tassazioni e di smistamento di beni e mercanzie della provincia egiziana di Gaza)[50] sia di fungere da approdo "ideale" sotto il profilo militare e commerciale.

Gli scavi condotti sul sito a partire dal 1973 hanno permesso di individuare un complesso fortificato (area AB) successivo al regno di Ramesse II all'interno del quale sono presenti delle sepolture e delle ampie strutture circolari (forse fornaci) contenenti reperti ceramici del LBII – IA, fra i quali quelli di tipo Micenea IIIC1, e ampie tracce di recipienti in bronzo e di rame nonché residui di lavorazione dei minerali nonché scarabei di Tauseret. In una struttura limitrofa (area H), è stato rinvenuto parte di un cratere con motivi decorativi di imbarcazione avente una prua a forma di serpente o volatile che trova stringenti similitudini con quelle raffigurate a Medinet Habu. Secondo Dothan abbiamo a che fare con genti "straniere" per lo più artigiani che, successivamente alla distruzione del complesso fortificato, abitano le aree A, B e AB, le cui dimore realizzate sulla sommità del sito (area F e K), al pari di tutte le altre strutture abitative della città, risultano prive di accorgimenti difensivi e presentano un modulo planimetrico piuttosto semplice. In altre parole, la presenza *in situ* di queste genti dopo la distruzione del complesso attribuita a Ramesse II, non sembra aver causato sostanziali trasformazioni di natura politica e sociale, semmai sembra aver portato ad una nuova configurazione economica della regione nel passaggio dall'agricoltura e pastorizia all'attività di lavorazione metallurgica e tessile.

In questa mappa strategica afferente al dominio ramesside in Canaan, di recente, come già accennato nell'introduzione, è emerso per importanza e per significato il sito di *El-Ahwat*, vasto complesso fortificato ubicato nei pressi di Haifa a sud del Nahal ʿIron lungo la *Via Maris* e che secondo Zertal è da ascrivere agli Shardana; la convinzione dello studioso si deve non tanto al fatto che l'imponente sito (copre circa 3 *ha*) è dotato di una cinta spessa 5-8 m di pianta circolare con un unico accesso posizionato a nord che si avvale di uno spazio aperto esterno anch'esso circondato da mura e che risulta suddiviso in settori e quartieri secondo una particolare pianificazione urbanistica, ma soprattutto al fatto che gli accorgimenti difensivi di El-Ahwat appaiono del tutto simili a quella di alcuni complessi *protonuragici* dotati di pianta circolare, bastioni quadrilobati, coperture a volta ed utilizzo prevalente della pietra quale materiale di costruzione, tipico dei 'Corridor-builders' (*Protonuraghi con corridoio passante*), che lascia ipotizzare uno stretto legame tra gli Shardana e la Sardegna[51]. Punto di forza dello studioso per stabilire la presenza di Shardana al servizio dell'Egitto all'interno del sito è il rinvenimento di nove scarabei, fra i quali compare uno di Ramesse III, e di numerosi esemplari ceramici databili al

---

[49] - M.Dothan, "Acco" in NEAEHL I, 16-24; A.Negev – S.Gibson, *Archaeological Encyclopedia of the Holy Land* (New York – London 2001), 27-28; sulla fonte: A.H.Gardiner, *Ancient Egypt Onomastica vol. 1.* (Oxford 1968); C.F.Nims, "Egyptian Catalogs of Things" in *JNES* 9 (1950), 250-251; W.K.Simpson, "Onomastica" in *OEAE*

[50] - Su Yarimuta e sulle forme del dominio egizio in Canaan: M.Liverani, *Antico Oriente: Storia, Società, Economia* (Roma-Bari 1991) con bibliografia; id. *Guerra e diplomazia nell'Antico Oriente* (Roma-Bari 1994) con bibliografia; G.Cavillier, *Il faraone guerriero*, op.cit.; id. *Tuthmosi III: Immagine e strategia di un condottiero* (Torino 2003) con bibliografia.

[51] - A.Zertal – A.Romano, "El-Ahwat – 1993-1996" in *Hadashot Arkheologiyot* 110 (1999), 32-34; Zertal, "The 'Corridor-builders' of Central Israel: Evidence for the Settlement of the 'Northern Sea Peoples'?" in V.Karageorghis – C.E.Morris, *Defensive Settlements of the Aegean and Eastern Mediterranean after c.1200 B.C.* (Nicosia 2001), 215-32; sui "protonuraghi": G.Lilliu, *La Civiltà Nuragica* (Sassari 1982); G.Ugas, *Archeologia e Cultura materiale nuragica: il tempo dei Protonuraghi* (Cagliari 1999).

XII sec.a.C., fra i quali due risultano decorati ad incisione con motivi attestati in Sardegna[52].

Il sito di El-Ahwat
(Zertal "El-Ahwat – 1993-1996", op.cit.)

Tuttavia, da un'attenta analisi delle caratteristiche dei sito e dei dati di scavo, Filkestein[53] ha giustamente rilevato che talune strutture databili al IA (Aree C e D) risultano anteriori alla costruzione della cinta "protonuragica", inoltre, che la maggior parte del materiale ceramico rinvenuto *in situ* è del IA e di età tardoromana, bizantina e islamica[54]; lo studioso giunge pertanto alla conclusione che il "legame" tra Sardegna e Shardana e l'attribuzione del sito ai mercenari ipotizzato da Zertal non può sussistere poiché è arduo stabilire quanto le strutture protonuragiche dei 'Corridor-builders' possano aver di fatto svolto il loro ruolo in Canaan e ciò in considerazione che la teoria di Zertal presuppone "a monte" che gli Shardana siano gli abitanti della Sardegna protonuragica[55]; tale motivazione funge da corollario della lettura di Filkestein che invece vede nel complesso "Shardana" di El-Ahwat un tipico insediamento rurale canaaneo del IA del tutto similare ad altri ubicati nella regione meridionale di Shechem e nell'area di Umm Riham[56]; inoltre, sempre secondo Filkestein, la presenza *in situ* del materiale egizio databile alle dinastie XIX e XX (di modesta quantità ma ritenuto determinante da Zertal per datare il sito) trova giustificazione nel fatto che il complesso del IA è strategicamente ubicato lungo l'ampio circuito commerciale e militare afferente alla *Via Maris*, ma nulla di più[57].

L'esperienza di Zertal a el-Ahwat ha funto da nucleo sperimentale di un più ampio progetto di ricerca dell'Università di Haifa e dell'Università del Nebraska col concorso dell'Università di Cagliari, volto a rintracciare nella regione del Monte Carmelo i siti degli Shardana e degli Shekelesh del XII secolo a.C.; oltre a El-Ahwat , sono in corso di indagine i siti limitrofi di Tel Assawir e Monte Carmelo (sito 146).

Un ultimo breve accenno può esser fatto per Cipro; attualmente, l'unico sito che sembra avere maggior attinenza con il Levante e indirettamente con gli Shardana è *Enkomi*[58]. Peculiarità del sito che trova rispondenza con quanto scoperto ad Ugarit è sia l'inumazione entro le mura urbane (lungo le vie o nei cortili delle abitazioni) in tombe a *tholos* con superstruttura in mattoni crudi e parti inferiori in pietra, sia la presenza nel complesso templare locale di installazioni per la lavorazione del metallo e della porpora[59].

---

[52] - Zertal, "El-Ahwat: A Fortified Sea Peoples", op.cit. 85-86 e 113; Zertal – Romano, "El-Ahwat", op.cit.34; Zertal, "The 'Corridor-builders'", op.cit.216 e 229; L.Manca Demurtas – E.S. Demurtas, "Tipologie Nuragiche: I Protonuraghi con corridoio passante" in R.H. Tykot – K.A. Tamsey, *Sardinia in the Mediterranean: A Footprint in the Sea* – MMA 3 (Sheffield 1992), 176-84.

[53] - I.Filkestein, "El-Ahwat: A Fortified Sea People City" in *IEJ* 52.2 (2002), 186-199.

[54] - In merito agli esemplari ceramici che trovano rispondenza con la ceramica sarda e ritenuti da Zertal provenienti dell'isola, Filkestein segnala altri siti di rinvenimento come Tel Harashim, Shiloh e Hazor e dunque ritiene improbabile una simile soluzione: ibid.197

[55] - ibid. 194-195 nota 14.

[56] - ibid.190.

[57] - ibid.192-93.

[58] - Nel complesso templare locale è stata rinvenuta la statuetta votiva raffigurante il guerriero con elmo cornuto, scudo e lancia (vds.cap.III); Su Cipro e sulla vicenda del TB – IA si veda Steel, *Cyprus*, op.cit.149-213.

[59] - ibid. 171-79.

Abbiamo dunque a che fare con precisi "indicatori culturali" ampiamente diffusi in importanti aree del Bacino del Mediterraneo (Siria-Palestina, Levante ed Egeo) al quale affiancare quell'esile ma essenziale serie di indizi di natura filologica, topografica e archeologica afferenti ai mercenari e individuati nella Valle del Nilo i cui ulteriori e ben più incisivi approfondimenti potranno contribuire ad una maggior definizione del fenomeno Shardana.

APPENDICE PROSOPOGRAFICA

Titolo	Nome	Fonte	Datazione
	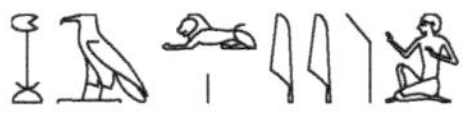	*Pap.Amiens* vs.4 x+3	Regno di Ramesse III
«		*Pap.Wilbour* A 17.40	Regno di Ramesse V
«		*Pap.Wilbour* A 18.03	«
«		*Pap.Wilbour* A 18.32	«
«		*Pap.Wilbour* A 18.06	«
«		*Pap.Wilbour* A 23.24 *Pap.Wilbour* A 27.27 *Pap.Wilbour* A 89.38	«
«		*Pap.Wilbour* A 24.31	«
«		*Pap.Wilbour* A 26.39	«
«		*Pap.Wilbour* A 27.03 *Pap.Wilbour* A 59.32 *Pap.Wilbour* A 77.47 *Pap.Wilbour* A 85.10	«
«	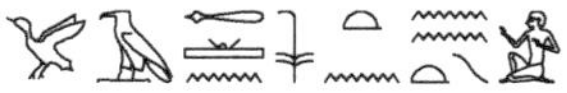	*Pap.Wilbour* A 27.09	«
«	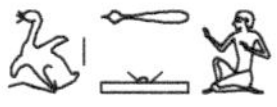	*Pap.Wilbour* A 28.07 *Pap.Wilbour* A 83.25	«
«	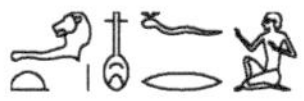	*Pap.Wilbour* A 28.29	«
«	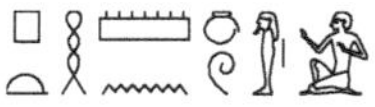	*Pap.Wilbour* A 30.12	«
«		*Pap.Wilbour* A 32.47	«
«	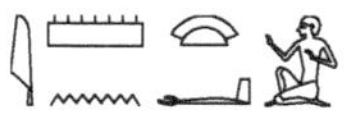	*Pap.Wilbour* A 36.46	«
«		*Pap.Wilbour* A 40.23	«

«		*Pap.Wilbour* A 40.50	«
«		*Pap.Wilbour* A 41.03	«
«		*Pap.Wilbour* A 41.07	«
«		*Pap.Wilbour* A 42.21	«
«		*Pap.Wilbour* A 42.28	«
«		*Pap.Wilbour* A 44.17	«
«		*Pap.Wilbour* A 44.24 *Pap.Wilbour* A 56.15 *Pap.Wilbour* A 57.26 *Pap.Wilbour* A 68.14 *Pap.Wilbour* B 03.26	«
«		*Pap.Wilbour* A 45.18	«
«		*Pap.Wilbour* A 46.06 *Pap.Wilbour* A 53.17	«
«		*Pap.Wilbour* A 47.47	«
«	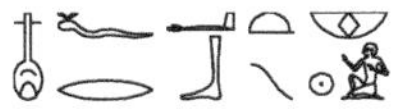	*Pap.Wilbour* A 47.48	«
«		*Pap.Wilbour* A 48.06	«
«		*Pap.Wilbour* A 48.24	«
«		*Pap.Wilbour* A 48.28	«
«	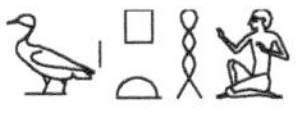	*Pap.Wilbour* A 48.46 *Pap.Wilbour* A 71.19	«
«		*Pap.Wilbour* A 49.04	«
«		*Pap.Wilbour* A 51.49	«
«		*Pap.Wilbour* A 52.24	«
«	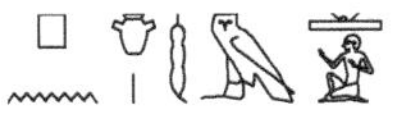	*Pap.Wilbour* A 54.28	«

		Pap.Wilbour A 57.43 *Pap.Wilbour* A 57.45 *Pap.Wilbour* A 64.41	
«		*Pap.Wilbour* A 56.11	«
«		*Pap.Wilbour* A 59.27 *Pap.Wilbour* A 70.52 *Pap.Wilbour* B 03.21	«
«		*Pap.Wilbour* A 65.24 *Pap.Wilbour* B 03.21	«
«		*Pap.Wilbour* A 67.41	«
«		*Pap.Wilbour* A 68.09	«
«	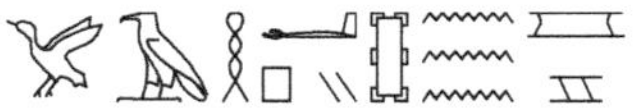	*Pap.Wilbour* A 70.38	«
«		*Pap.Wilbour* A 71.33	«
«	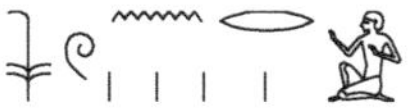	*Pap.Wilbour* A 77.16	«
«		*Pap.Wilbour* A 77.38	«
«		*Pap.Wilbour* A 77.39	«
«		*Pap.Wilbour* A 91.24 *Pap.Wilbour* A 91.28	«
«		*Pap.Wilbour* B 2A, x+4 *Pap.Wilbour* B 08.11	«
«		*Pap.Wilbour* B 03.07	«
«		*Pap.Wilbour* B 03.21	«
«	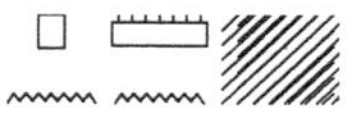	*Pap.Wilbour* B 03.29	«
«		*Pap.Wilbour* B 06.20	«
«		*Pap.Wilbour* B 08.06	«
«		*Pap.Wilbour* B 08.26	«

«		*Pap.Wilbour* B 09.10	«
«		*Pap.Wilbour* B 09.30	«
«	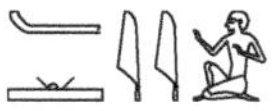	*Pap.Wilbour* B 10.04	«
«		*Pap.Wilbour* B 17.28	«
«		*Pap.Wilbour* B 17.29	«
«		*Pap.Adozione rt.*II.9-10	Regno di Ramesse XI
«		*Pap.Adozione rt.*II.9-10	«
«		*Pap.BM* 10375, 11 *Pap.Torino* 2026, 16-17	«
«		*Stele*	XXI-XXII din. (?)
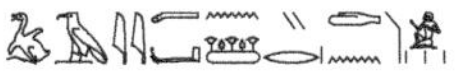		*Pap.Wilbour* A 23.20	Regno di Ramesse V
«		*Pap.Wilbour* A 36.43	«
«	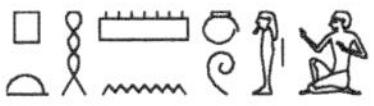	*Pap.Wilbour* A 37.35	«
«	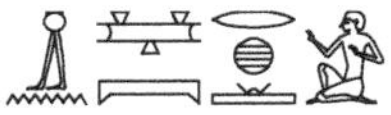	*Pap.Wilbour* A 44.12	«
«		*Pap.Wilbour* A 47.13	«
«		*Pap.Wilbour* A 52.25	«
«		*Pap.Wilbour* A 53.31	«
«		*Pap.Wilbour* A 53.35	«
«		*Pap.Wilbour* A 55.07	«
«		*Pap.Wilbour* A 59.09	«
«		*Pap.Wilbour* A 61.44	«
«		*Pap.Wilbour* A 70.04	«

«		*Pap.Wilbour* A 84.39	«
		*Pap.Wilbour* A 15.12	«
«		*Pap.Wilbour* A 17.14	«
«		*Pap.Wilbour* A 26.37	«
«		*Pap.Wilbour* A 27.19	«
«		*Pap.Wilbour* A 33.36 *Pap.Wilbour* A 36.47	«
«		*Pap.Wilbour* A 33.40	«
«		*Pap.Wilbour* A 37.08	«
«		*Pap.Wilbour* A 42.12	«
«		*Pap.Wilbour* A 44.21	«
«		*Pap.Wilbour* A 44.32	«
«		*Pap.Wilbour* A 48.22	«
«		*Pap.Wilbour* A 56.20	«
«	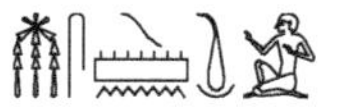	*Pap.Wilbour* A 59.25	«
«		*Pap.Wilbour* A 70.50	«
«		*Pap.Wilbour* A 75.37	«
«		*Pap.Wilbour* A 86.12	«
		*Stele*	Regno di Ramesse XI (?)
		*Sarcofago*	«

DIZIONARIO DEI TERMINI NAUTICI

- *abbrivio:* velocità iniziale dell'imbarcazione per effetto della sua propulsione
- *acrostolio:* parte prominente della prua o poppa delle navi egizie a forma papiriforme o lotizzante
- *alaggio:* manovra per portare l'imbarcazione a riva
- *amantigli:* cavi fissati all'estremità dei pennoni per sostenerli e mantenerli perpendicolari agli alberi
- *baglio:* trave di legno al traverso della nave, da un fianco all'altro
- *bolina larga:* manovra per sfruttare al massimo il vento che viene con direzione 45-90°
- *braccio:* cavo fissato all'estremità di un pennone allo scopo di orientarlo
- *brancarella d'inferitura:* piccolo cavo cucito a tratti all'orlo della vela, che sostiene la legatura dei matafioni al pennone
- *bugne:* angolo inferiore della vela in cui si fissa la scotta
- *cabotiera:* nave utilizzata per la navigazione d'altura
- *caduta:* lato verticale delle vele quadre
- *calafataggio:* operazioni periodiche di manutenzione degli scafi
- *castello:* struttura presente a poppa o a prua utilizzata per alloggiamento del timoniere o prodiere
- *cazzame:* lato inferiore d'una vela
- *chiglia:* l'elemento longitudinale più importante dello scafo, che va da prua a poppa
- *cima:* cavo di fibra vegetale
- *coperta:* parte superiore di ogni nave
- *disalberare:* l'operazione di smontaggio dell'alberatura
- *dislocamento:* peso dell'imbarcazione
- *drizza:* cavo utilizzato per issare il pennone
- *fasciame:* tavole di legno atte a comporre lo scafo
- *ferzi:* strisce di tela che, cucite insieme, formano la vela
- *galletta:* sistema di ripartizione delle manovre situato in cima all'albero
- *gomena:* cavo di sezione oggi variabile tra i 30 ed i 60 cm, anticamente tra i 7 ed i 10 cm
- *gratile:* cavetto di rinforzo posto all'orlo inferiore della vela
- *legnolo:* cordicella di lino
- *manovre correnti:* detti i cavi scorrevoli per alzare ed orientare le vele, come le drizze
- *manovre dormienti:* detti i cavi che sostengono e fissano le vele al pennone, come le sartie
- *matafione:* cavetto che unisce la brancarella al pennone
- *mastra:* apertura ellittica del ponte fatta per il passaggio dell'albero
- *murata:* fianco dell'imbarcazione
- *occhiello:* foro rinforzano nella vela atto al passaggio di fili e cavetti
- *opera viva:* parte dello scafo immersa nell'acqua
- *ossatura:* struttura essenziale dello scafo formata dalle ordinate, bagli e costole

- *pagliolato:* pavimentazione del ponte della nave
- *pala:* parte larga ed inferiore del timone
- *paramezzale:* trave di legno continua da prua a poppa, utilizzato per fissare le ordinate alla chiglia
- *pennone:* trave conica di legno che serviva per sostenere la vela
- *pennone volante:* pennone in grado di essere issato facendo forza sulle drizze
- *ponte:* pavimento di legno che divide lo scafo nel senso dell'altezza
- *poppa:* estremità posteriore dell'imbarcazione
- *prua:* estremità anteriore dell'imbarcazione
- *riassetto:* disarmo dell'imbarcazione con conseguente riordino del materiale presente a bordo
- *rollio:* oscillazione dell'imbarcazione intorno al proprio asse longitudinale
- *sartia:* cavi utilizzati per mantenere l'albero in posizione verticale
- *scarpe:* appositi contenitori in legno destinati a trattenere la base dell'albero
- *scotta:* cavo di manovra che serve a tirare gli angoli inferiori delle vele per distenderle al vento
- *sottovento:* dal lato opposto a quello da cui spira il vento
- *terzarolo:* ripiegatura che si fa ad ogni vela per diminuirne la superficie quando il vento soverchia
- *timone:* organo di governo della nave
- *trevo:* sezione della vela formata da più ferzi
- *varea:* estremità del pennone
- *vento di giardinetto:* vento che soffia in poppa

www.ingramcontent.com/pod-product-compliance
Ingram Content Group UK Ltd.
Pitfield, Milton Keynes, MK11 3LW, UK
UKHW061213180426
11947UKWH00029B/2020

9 781841 718743